Table of Cont…

Vocabulary To…
  Vocabulary ….

Consulting, translation, editing and proofing by Hispanic Link Consulting.
Consulting by Lark Foster

Contact through:
info@thelingoguide.com
www.thelingoguide.com
 — or —
Hellbender Marketing
615.726.0727

Published by:
The Lingo Guide, LLC
Nashville, TN

Printed by:
PR Omni Digital

Dedicated to:
David, Caleb and Silas with love.

Vocabulary Topics Table of Contents

PLANT NAMES
NOMBRES DE PLANTAS
NOHM-brehs deh PLAHN-tahs

Vocab.

ANNUALS
PLANTAS ANUALES
PLAHN-tahs ah-nooAH-lehs

angelonia	hierba de gorrito	*eeEHR-bah deh goh-REE-toh*
aster	botoncillo	*boh-tohn-SEE-yoh*
begonia	begonia	*beh-GOH-neeah*
browellia	bromelia	*BROH-meh-leeah*
calendula	caléndula	*kah-LEHN-doo-lah*
canterberry bell	campanilla	*kahm-pah-KNEE-yah*
cleome	flor araña	*floor ah-RAH-knee-ah*
coleus	cóleo	*KOH-leh-oh*
cornflower	aciano	*ah-seeAH-noh*
cosmos	amapola,	*ah-mah-POH-lah*
	amapola de campo	*ah-mah-POH-lah deh KAHM-poh*
daisy	margarita	*mahr-gah-REE-tah*
dicasia	dicasia	*dee-KAH-seeah*
dusty millar	cineraria/	*see-neh-RAH-reeah/*
	doncella de mar	*dohn-SEH-yah deh mahr*
evening primrose	primavera tardía	*pree-mah-VEH-rah tahr-DEE-ah*
forget-me-not	nomeolvides	*noh-meh-ohl-VEE-dehs*
geranium	geranio	*heh-RAH-knee-oh*
gerber daisy	margarita	*mar-gah-REE-tah*
impatient	impaciente	*eem-pah-seeEHN-teh*
larkspur	cola de alondra	*KOH-lah deh ah-LOHN-drah*
lobelia	tabaco indio	*tah-bah-KOH EEN-deeoh*
marigold	caléndula/maravilla	*kah-lehn-DOO-lah/ mah-rah-VEE-yah*
pansy	pensamiento/	*pehn-sah-mee-EHN-toh/*
	mariquita	*mah-ree-KEE-tah*
petunia	petunia	*peh-TOO-kneeah*
poppy	amapola/	*ah-mah-POH-lah/*
	adormidera	*ah-door-mee-DEH-rah*
salvia	salvia	*SAHL-veeah*
scarlet sage	salvia escarlata	*SAHL-veeah ehs-car-LAH-tah*

scavola	crisantemo oloroso	*kree-sahn-TEH-moh oh-loh-ROH-soh*
snapdragon	dragón, boca de dragón	*DRAH-gohn, BOH-kah deh DRAH-gohn*
spider flower	flor arena	*flohr ah-RAH-knee-ah*
star of Texas	estrella de Texas	*ehs-TREH-yah deh TEHK-sahs*
sunflower	girasol	*hee-rah-SOHL*
sweet alyssum	aliso de mar	*ah-LEE-soh deh mahr*
sweet william	minutisa	*mee-noo-TEE-sah*
torenia	torenia	*toh-REH-kneeah*
verbena	verbena	*vehr-BEH-nah*
viola	viola	*veeOH-lah*
zinnia	gallito	*gah-YEE-toh*

BULBS
BULBOS
BULL-bohs

allium	allium	*AH-lee-oom*
caladium	alas de ángel	*AH-lahs deh AHN-hell*
canna	cáñamo	*KAH-kneeah-moh*
crocus	azafrán de primavera	*ah-sah-FRAHN deh pree-mah-VEH-rah*
daffodil	narciso	*nahr-SEE-soh*
dahlia	dalia	*DAH-leeah*
eranthis	eranthis	*eh-RAHN-tees*
freesia	fresia	*FREH-seeah*
gladiolus	gladiolo	*glah-deeOH-loh*
hyacinth	jacinto	*hah-SEEN-toh*
iris	iris	*EE-rees*
lily	liliácea/azucena/lirio blanco	*lee-LAH-seah/ah-zoo-SEH-nah/LEE-reeoh BLAHN-koh*
scilla	scilla	*SEE-lah*
snowflake	copo de nieve	*KOH-poh deh knee-EH-veh*
snowdrop	campanilla de invierno	*kahm-pah-KNEE-yah deh een-vee-EHR-noh*
tulip	tulipán	*too-lee-PAHN*

Vocab.

EVERGREENS
ÁRBOLES DE HOJAS PERENNES
AHR-boh-lehs deh UH-hahs peh-REHN-nehs

Vocab.

arborvitae	árbol de la vida	*AHR-bohl deh lah VEE-dah*
atlas cedar	cedro del atlas	*SEH-droh dehl AH-tlahs*
Alberta spruce	picea de Alberta	*pee-SEH-ah deh AHL-behr-tah*
Austrian pine cedar	cedro pino de Austria	*SEH-droh PEE-noh deh AHOOS-tree-ah*
Black Hills spruce	picea de las Colinas Negras	*pee-SEH-ah deh lash koh-LEE-nahs NEH-grahs*
bonsai juniper	enebro bonsai	*eh-NEH-broh bohn-SAHee*
Colorado blue spruce	picea azul de Colorado	*pee-SEH-ah ah-SOOL deh koh-loh-RAH-doh*
cypress	ciprés	*see-PREHS*
dense yew	tejo denso	*TEH-hoh DEHN-soh*
douglas fir	abeto de Douglas	*ah-BEH-toh deh DOO-glahs*
eastern red cedar	cedro rojo de oriente	*SEH-droh RRROH-hoh deh oh-reeEHN-teh*
hemlock	cicuta	*see-KOO-tah*
hicks yew	tejo de hicks	*TEH-hoh deh hicks*
juniper	enebro	*eh-NEH-broh*
mugo pine	pino de mugo	*PEE-noh deh MOO-goh*
magnolia	magnolia	*mag-NOH-leeah*
Norway spruce	picea de Noruega	*pee-SEH-ah deh noh-rooEH-gah*
pine	pino	*PEE-noh*
ponderosa pine	pino de la ponderosa	*PEE-noh deh lah pohn-deh-ROH-sah*
Rocky Mountain juniper	enebro de las Montañas Rocallosas	*eh-NEH-broh deh lahs mohn-TAH-knee-ahs rrroh-kah-YOH-sahs*
scotch pine	pino escocés	*PEE-noh ehs-koh-SEHS*
sky rocket juniper	enebro cohete del cielo	*eh-NEH-broh koh-EH-teh dehl see-EH-loh*
spiral juniper	enebro espiral	*eh-NEH-broh ehs-PEE-rahl*
spreading juniper	enebro extendido	*eh-NEH-broh ex-tehn-DEE-doh*
spreading yew	tejo extendido	*TEH-hoh ex-tehn-DEE-doh*
spruce	picea, falso abeto	*pee-SEH-ah, FAHL-soh ah-BEH-toh*
white fir	abeto blanco	*ah-BEH-toh BLAHN-koh*
white pine	pino blanco	*PEE-noh BLAHN-koh*

FRUITS
FRUTAS
FROO-tahs

apple	manzana	*mahn-SAH-nah*
avocado	aguacate	*ah-gwah-KAH-teh*
apricot	albaricoque,	*ahl-bah-ree-KOH-keh*
	chabacano	*chah-bah-KAH-noh*
banana	plátano, banana	*PLAH-tah-noh, bah-NAH-nah*
blackberry	mora	*MOH-rah*
boysenberry	mora híbrida	*MOH-rah EE-bree-dah*
cantaloupe	melón cantaloupe	*meh-LOH kahn-TAH-loop*
cranberry	arándano	*ah-RAHN-dah-noh*
cherry	cereza	*seh-REH-sah*
currants	pasas de uva	*PAH-sahs deh OO-vah*
dewberry	zarzamora	*sahr-sah-MOH-rah*
gooseberry	grosella espinosa,	*groh-SEH-yah ehs-pee-NOH-sah*
	uva espina	*OO-vah ehs-PEE-nah*
grapefruit	toronja, pomelo	*toh-ROHN-hah, poh-MEH-loh*
grapes	uvas	*OO-vahs*
kiwi	kiwi	*kiwi*
mango	mango	*MAN-goh*
melon	melon	*meh-LOHN*
mulberry	mora	*MOH-rah*
orange	naranja	*nah-RAHN-hah*
papaya	lechoza, papaya	*leh-CHOH-sah, pah-PAH-yah*
pear	pera	*PEH-rah*
peach	durazno,	*doo-RAHS-noh,*
	melocotón	*meh-loh-koh-TOHN*
pineapple	piña, ananá	*PEE-kneeah, ah-nah-NAH*
plum	ciruela	*see-ROOEH-lah*
pomegranate	granada	*grah-NAH-dah*
raspberry	frambuesa	*frahm-booEH-sah*
strawberry	fresa, frutilla	*FREH-sah, froo-TEE-yah*
tangerine	mandarina,	*mahn-dah-REE-nah,*
	tangerina	*tahn-heh-REE-nah*
watermelon	sandía, patilla	*sahn-DEE-ah, pah-TEE-yah*

GROUND COVER
COBERTURA DEL SUELO
koh-behr-TOO-rah dehl SWEH-loh

ajuga	iva	*EE-vah*
Candytuft	penacho de bombón	*peh-NAH-choh deh bohm-BON*
creeping fig	higo enredadera/	*EE-goh ehn-reh-dah-DEH-rah/*
	trepador	*treh-pah-DOOR*
creeping jenny	áurea	*AH-oo-reh-ah*
creeping juniper	enebro trepador	*eh-NEH-broh treh-PAH-door*
creeping phlox	flox trepador	*flox treh-pah-DOOR*
dianthus	clavel	*KLAH-vehl*
euonymus	bonetero	*boh-neh-TEH-roh*
ivy	hiedra	*ee-EH-drah*
lamium	chupamieles	*choo-pah-meeEH-lehs*
lantana	alfombrilla	*ahl-fohm-BREE-yah*
licorice plant	siemprevivo	*see-ehm-preh-VEE-voh*
lirope	lirope	*lee-ROH-peh*
mazus	escrofularia	*ehs-kroh-foo-LAH-reeah*
pachysandra	paquisandra	*pah-key-SAHN-drah*
plumbago	plombagina	*plohm-bah-HEE-nah*
snow on the mountain	nieve sobre la	*knee-EH-veh SOH-breh lah*
	montaña,	*mohn-TAH-kneeah,*
	nieve perpetua	*knee-EH-veh pehr-PEH-twah*
verbena	verbena	*vehr-BEH-nah*
vinca periwinkle	pervinca	*pehr-VEEN-kah*
wave petunia	petunia ondulada	*peh-TOO-kneeah ohn-doo-LAH-dah*

HERBS
HIERBAS
eeEHR-bahs

basil	albahaca	*ahl-BAH-kah*
bay laurel	hoja de laurel	*UH-hah deh LAH-oo-rehl*
caraway	alcaravea, carvi	*ahl-kah-rah-VEH-ah, CAR-vee*
cardamom	cárdamo	*KAHR-dah-moh*
chervil	perifollo	*peh-ree-FOH-yoh*
chives	cebollinos, cebolletas	*seh-boh-YEE-nohs, seh-boh-YEH-tahs*
cilantro	cilantro	*see-LAHN-troh*
coriander	coriandro	*koh-ree-AHN-droh*
dill	eneldo	*eh-NEHL-doh*
fennel	hinojo	*ee-NOH-hoh*

mint	menta	*MEHN-tah*
oregano	orégano	*uh-REH-gah-noh*
parsley	perejil	*peh-reh-HILL*
rosemary	romero	roh-MEH-roh
sage	salvia	*SAHL-vee-ah*
savory	ajedrea	ah-heh-DREH-ah
sweet marjoram	mejorana dulce	*meh-hoh-RAH-nah DOOL-seh*
tarragon	estragón	*ehs-trah-GONE*
thyme	tomillo	*toh-ME-yoh*

LAWNS
CÉSPED/GRAMA/PASTO/TEPE/TERRÓN
SEHS-pehd/GRAH-mah/PAHS-toh/TEH-peh/teh-RRROHN

bentgrass	agrostis	*ah-GROHS-tees*
Bermuda grass	pasto de Bermudas	*PAHS-toh deh behr-MOO-dahs*
carpet grass	grama japonesa/ grama	*GRAH-mah hah-poh-NEH-sah/ GRAH-mah*
centipede	cienpiés	*see-ehn-pee-EHS*
hybrid fescue	castañuela híbrida	*kahs-tah-knee-oo-EH-lah EE-bree-dah*
Kentucky bluegrass	pasto azul de Kentucky	*PAHS-toh ah-SOOL deh ken-TAH-key*
red fescue	pasto rojo/ castañuela roja	*PAHS-toh RRROH-hoh/ kahs-tah-knee-oo-EH-lah RRROH-hah*
ryegrass	pasto de centeno	*PAH-toh deh sehn-TEH-noh*
St. Augustine	San Agustín	*sahn ah-goose-TEEN*
tall fescue	cañuela alta	*cah-knee-oo-EH-lah AHL-tah*
zoysia	zoysia	*SOY-see-ah*

ORNAMENTAL GRASSES
PASTOS ORNAMENTALES/DECORATIVOS
PAHS-tohs ohr-nah-mehn-TAH-lehs/deh-koh-rah-TEE-vohs

blue oat grass	pasto de avena azul	*PAHS-toh deh ah-VEH-nah ah-SOOL*
fountain grass	pasto de fuente	*PAHS-toh deh FWEHN-teh*
Japanese blood grass	pasto de sangre japonés	*PAHS-toh deh SAHN-greh hah-poh-NEHS*
maiden grass	pasto de doncella	*PAHS-toh deh dohn-SEH-yah*
miscanthus	eulalia	*eh-oo-LAH-leeah*
mondo grass	pasto negro	*PAHS-toh NEH-groh*

monkey grass	pasto de mono	*PAHS-toh deh MOH-noh*
pampas grass	pasto de las pampas	*PAHS-toh deh lahs PAHM-pahs*
zebra grass	pasto de cebra	*PAHS-toh deh SEH-brah*

PERENNIALS
PLANTAS PERENNES
PLAHN-tahs peh-REHN-nehs

aster	diente de león	*dee-EHN-teh deh leh-OHN*
baby's breath	aliento de bebé	*ah-lee-EHN-toh deh beh-BEH*
bearded iris	iris barbado	*EE-rees bahr-BAH-doh*
beard tongue	lengua de barba	*LEHN-gwah deh BAHR-bah*
beebalm	bálsamo de abejas	*BAHL-sah-moh deh ah-BEH-hahs*
black eyed Susan	rudbeckia	*rood-BEH-key-ah*
butterfly weed	maleza de la mariposa	*mah-LEH-sah deh mah-ree-POH-sah*
chrysanthemums	crisantemo	*kree-sahn-TEH-moh*
columbine	aguileña	*ah-gee-LEH-knee-ah*
coltsfoot	pata de potro	*PAH-tah deh POH-troh*
coneflower	flor cónica	*flo-OHR KOH-knee-kah*
daisy	margarita	*mahr-gah-REE-tah*
daylily	lirio de la mañana	*LEE-ree-oh deh lah mah-knee-AH-nah*
delphinium	violeta	*vee-oh-leh-TAH*
fern	helecho	*eh-LEH-choh*
foam flower	flor de espuma	*floor deh ehs-POO-mah*
foxglove	dedalera/digital	*deh-dah-LEH-rah/dee-HE-tahl*
golden aster	árnica falsa	*AHR-knee-kah FAHL-sah*
hibiscus	cayena/hibisco	*kah-YEH-nah/ee-BEES-koh*
hosta	hermosa de día	*ehr-MOH-sah deh DEE-ah*
Jacob's ladder	escalera de Jacob	*ehs-kah-LEH-rah deh HAH-kohb*
Japanese iris	iris japonés	*EE-rees hah-poh-NEHS*
Louisiana iris	iris de Lousiana	*EE-rees deh loo-ee-see-AH-nah*
mums	crisantemo	*kree-sahn-TEH-moh*
peony	peonía	*peh-oh-KNEE-ah*
scabiosa	escabiosa	*ehs-kah-bee-OH-sah*
sedum	magnolia	*mag-NOH-lee-ah*
Siberian iris	iris siberiano	*EE-rees see-beh-ree-AH-noh*
speedwell	Verónica	*veh-ROH-knee-kah*
stone crop	cosecha de piedra	*koh-SEH-chah deh pee-EH-drah*

sundrops	gotas de sol	*GOH-tahs DEH sohl*
verbena	verbena	*vehr-BEH-nah*
violet	violeta	*vee-oh-LEH-tah*
yarrow	aquilea, milenrama	*ah-key-LEH-ah, mee-lehn-RRRAH-mah*

ROSES
ROSAS, ROSALES
RRROH-sahs, rrroh-SAH-lehs

climbing roses	rosas trepadoras	*RRROH-sahs treh-pah-DOH-rahs*
floribunda	floribunda	*floh-ree-BOON-dah*
grandiflora	grandiflora	*grahn-dee-FLOH-rah*
ground cover	cobertura del suelo	*koh-behr-TOO-rah dehl soo-EH-loh*
hybrid perpetual	híbrida perpetua	*EE-bree-dah pehr-PEH-twah*
hybrid tea	té híbrido	*teh EE-bree-doh*
miniature	miniatura	*me-knee-ah-TOO-rah*
old garden	jardín viejo/antigüo	*hahr-DEEN vee-EH-hoh/ahn-TEE-gwoh*
pillar	pilar	*PEE-lahr*
rambler	rosa trepadora	*RRROH-sah treh-pah-DOH-rah*
tree	árbol	*AHR-bohl*

SHRUBS
ARBUSTOS
ahr-BOOS-tohs

abelia	abelia	*ah-BEH-lee-ah*
althea	altea	*ahl-TEH-ah*
andrómeda	andrómeda	*ahn-DROH-meh-dah*
acuba	acuba/ laurel manchado	*ah-KOO-bah/ lah-oo-REHL mahn-CHAH-doh*
azalea	azalea	*ah-sah-LEH-ah*
barberry	algerita	*ahl-heh-REE-tah*
boxwood	boxwood	*boxwood*
butterfly bush	bosque de mariposas	*BOHS-keh deh mah-ree-POH-sahs*
camellia	camelia	*kah-MEH-lee-ah*
Japenese cedar	cedro japonés	*SEH-droh hah-POH-nehs*
crape myrtle	mirto encrespado	*MEER-toh ehn-crehs-PAH-doh*
forsythia	forsitia	*fohr-SEE-teeah*
hibiscus	cayena/hibisco	*kah-YEH-nah/ee-BEES-koh*
holly	acebo	*ah-SEH-boh*
hydrangea	hortensia	*ohr-TEHN-seeah*

jasmine	jazmín	*hahs-MEEN*
laurel	laurel	*lah-oo-REHL*
lilac	lila	*LEE-lah*
nandina	bambú sagrado	*bahm-BOO sah-GRAH-doh*
plumbago	plombagina	*plohm-bah-HEE-nah*
privet	ligustro/alhena	*lee-GOOS-troh/ahl-HEH-nah*
rhododendron	rododendro	*roh-doh-DEHN-droh*
spirea	espírea	*ehs-PEE-reh-ah*
viburnum	lantana/barbadejo	*lahn-TAH-nah/bahr-bah-DEH-hoh*
witchhazel	hamamelis	*ah-mah-MEH-lees*
winged	evonymus evónimo alado	*eh-VOH-knee-moh ah-LAH-doh*
yucca	yucca	*YOU-kah*

TREES
ÁRBOLES
AHR-boh-lehs

American elm	olmo Americano	*OHL-moh ah-meh-ree-KAH-noh*
apple	manzano	*mahn-SAH-noh*
aspen	álamo/tamblón	*AH-lah-moh/tahm-BLOHN*
beech	haya	*AH-yah*
birch	abedul	*ah-beh-DOOL*
black walnut	nogal negro	*noh-GAHL NEH-groh*
buckeye	ojo de gamo	*OH-hoh deh GAH-moh*
Carolina silverbell	campanilla de Carolina	*kahm-pah-knee-YAH deh kah-roh-LEE-nah*
cherry	cerezo	*seh-REH-soh*
chestnut	castaño	*kahs-TAH-knee-oh*
corkscrew willow	sauce sacacorchos	*SAH-oo-seh sah-kah-KOHR-chohs*
crabapple	manzano silvestre	*mahn-SAH-noh seel-VEHS-treh*
dawn redwood	pino gigante de California	*PEE-noh he-GAHN-teh deh kah-lee-FORH-knee-ah*
dogwood	cornejo	*kohr-NEH-hoh*
English oak	roble inglés	*RRROH-bleh een-GLEHS*
green ash	ceniza verde	*seh-KNEE-sah VEHR-deh*
hackberry	almez occidental	*ahl-MEHS ox-see-dehn-TAHL*
hawthorn	espino	*ehs-PEE-noh*
hickory	nogal americano	*noh-GAHL ah-meh-ree-KAH-noh*
honey locust	algarrobo melero	*ahl-gah-RRROH-boh meh-LEH-roh*
linden	tilo	*TEE-loh*

Vocab.

locust	algarrobo	*ahl-gah-RRROH-boh*
magnolia	magnolia	*mag-NOH-leeah*
maple, Japanese	arce japonés	*AHR-seh hah-poh-NEHS*
maple, red	arce rojo	*AHR-seh RRROH-hoh*
maple, sugar	arce de azúcar	*AHR-seh deh ah-ZOO-kahr*
oak	roble	*RRROH-bleh*
peach	melocotonero/	*meh-loh-koh-toh-NEH-roh/*
	duraznero	*doo-rahs-NEH-roh*
pear	peral	*peh-RAHL*
pin oak	roble perno	*RRROH-bleh PEHR-noh*
pear, Bradford	peral de Bradford	*PEH-rahl deh Bradford*
pecan	pacana/	*pah-KAH-nah/*
	nogal morado	*NOH-gahl moh-RAH-doh*
persimmon	níspero del Japón	*NEES-peh-roh dehl HAH-pohn*
plum	ciruela, ciruelo	*see-rooEH-lah, see-rooEH-loh*
poplar, tulip	álamo, tulipán	*AH-lah-moh, too-lee-PAHN*
redbud	yema roja	*YEH-mah RRROH-hah*
sweet gum	goma dulce	*GOH-mah DOOL-seh*
tulip magnolia	magnolia tulipán	*mag-NOH-leeah too-lee-PAHN*
star magnolia	magnolia estrellada	*mag-NOH-leeah ehs-treh-YAH-dah*
sycamore	sicomoro	*see-koh-MOH-roh*
sweet gum	goma dulce	*GOH-mah DOOL-seh*
walnut	nogal	*noh-GAHL*
Washington hawthorn	espino de Washington	*ehs-PEE-noh deh Washington*
weeping willow	sauce llorón	*SAH-oo-seh yoh-ROHN*
willow	sauce	*SAH-oo-seh*

VEGETABLES
VEGETALES
veh-heh-TAH-lehs

asparagus	espárrago	*ehs-PAH-rrrah-goh*
avocado	aguacate/palta	*ah-gwah-KAH-teh/PAHL-tah*
bean	frijol	*free-HOHL*
beet	remolacha	*reh-moh-LAH-chah*
bell pepper	pimiento campana	*pee-mee-EHN-toh kahm-PAH-nah*
broccoli	brócoli	*broccoli*
Brussels sprout	repollito de Bruselas	*rrreh-poh-YEE-toh deh broo-SEH-lahs*
cabbage	col/repollo	*kohl/rrreh-POH-yoh*

English	Spanish	Pronunciation
cauliflower	coliflor	koh-lee-FLOOR
carrot	zanahoria	sah-nah-OH-reeah
celery	apio/	AH-pee-oh/
	apio de España	AH-pee-oh deh ehs-PAH-kneeah
corn	maíz/choclo	mah-EEZ/CHOH-kloh
cucumber	pepino	peh-PEE-noh
eggplant	berenjena	beh-rehn-HEH-nah
endive	endivia	ehn-DEE-veeah
jalepeño	jalapeño	jalapeño
kale	col rizada/	kohl ree-SAH-dahl
	repollo rizado	reh-POH-yoh ree-SAH-DOH
lettuce	lechuga	leh-CHOO-gah
okra	guingambo/calalu	geen-GAHM-boh/kah-LAH-loo
onion	cebolla	seh-BOH-yah
peas	arveja, alverja	ahr-VEH-hah, ahl-VEHR-hah
potato	papa	PAH-pah
pepper	pimiento	pee-mee-EHN-toh
pumpkin	calabaza	kah-lah-BAH-sah
radish	rábano, rabanito	RRRAH-bah-noh, RRRAH-bah-knee-toh
rhubarb	ruibarbo	rrroo-ee-BAHR-boh
squash	zapallito/	sah-pah-YEE-toh/
	calabacita	kah-lah-bah-SEE-tah
spinach	espinaca	ehs-pee-NAH-kah
tomato	tomate	toh-MAH-teh
turnip	nabo	NAH-boh
zucchini	calabacín	kah-lah-bah-SEEN

VINES
ENREDADERAS
ehn-rrreh-dah-DEH-rahs

English	Spanish	Pronunciation
Boston ivy	enredadera de Boston	ehn-rrreh-dah-DEH-rah deh Boston
bougainvillea	bouganvilla	boo-gahn-VEE-yah
Carolina jasmine	jazmín de Carolina	has-MEAN deh kah-roh-LEE-nah
clematis	clemátide/	kleh-MAH-tee-deh/
	clemátida	kleh-MAH-tee-dah
climbing hydrangea	hortensia trepadora	ohr-TEHN-seeah treh-pah-DOH-rah
cypress vine	enredadera ciprés	ehn-reh-dah-DEH-rah see-PRESS
English ivy	enredadera inglesa	ehn-reh-dah-DEH-rah een-GLEH-sah

Vocab.

honeysuckle	madreselva	*mah-dreh-SEHL-vah*
hyacinth bean	frijol jacinto	*FREE-hall hah-SEEN-toh*
mandevilla	mandevilla	*mahn-deh-VEE-yah*
moonvine	paragüita de novia	*pah-rah-GWEE-tah deh NOH-veeah*
morning glory	gloria matinal	*GLOH-ree-ah mah-TEE-nahl*
passionflower	pasionaria	*pah-see-oh-NAH-ree-ah*
poison ivy	hiedra venenosa	*YEH-drah veh-neh-NOH-sah*
star jasmine	jazmín estrellado	*has-MEEN ehs-treh-YAH-doh*
sweet pea	arvejilla/guisante	*ahr-veh-HE-yah/gee-SAHN-teh*
trumpet vine	hiedra trompeta	*YEH-drah trom-PEH-tah*
wisteria	broche wisteria	*BROH-cheh ooees-TEH-reeah*

WATER & BOG PLANTS
PLANTAS ACUÁTICAS
PLAHN-tahs ah-KWAH-tee-kahs

arrowhead	cabeza de flecha	*kah-BEH-sah deh FLEH-chah*
cattails	espadaña	*ehs-pah-DAH-knee-ah*
duckweed	maleza de patos	*mah-LEH-sah deh PAH-tohs*
lotus	loto	*LOH-toh*
mosquito fern	helecho del mosquito	*eh-LEH-choh dehl mohs-KEY-toh*
pickerel rush	pontederia	*pohn-teh-DEH-reeah*
water hyacinth	jacinto de agua/ acuático	*hah-SEEN-toh deh AH-gwah/ ah-KWAH-tee-koh*
water lettuce	lechuga de agua	*leh-CHOO-gah deh AH-gwah*
water iris	iris de agua	*EE-rees deh AH-gwah*
water lily	lirio de agua/nenúfar	*LEE-ree-oh deh AH-gwah/neh-NOO-fahr*

PLANT TERMS
VOCABULARIO ACERCA DE PLANTAS
voh-kah-boo-LAH-ree-oh ah-SEHR-kah deh PLAHN-tahs

annual	planta annual	*PLAHN-tah ah-noo-AHL*
bloom	planta en flor/ floreada	*PLAHN-tah ehn floor/ floh-reh-AH-dah*
branch	rama	*RRRAH-mah*
bud	pimpollo/brote	*peem-POH-yoh / BROH-teh*
floating species	especies flotantes	*ehs-PEH-see-ehs floh-TAHN-tehs*
flower	flor	*floor*
dwarf species	especies enanas	*ehs-PEH-see-ehs eh-NAH-nahs*

Vocab.

Vocab.

ground covers	coberturas del suelo	*koh-behr-TOO-rahs dehl zoo-EH-loh*
herb	hierba	*YEHR-bah*
lawn	césped/grama/pasto/	*SEHS-pehd/GRAH-mah/*
	tepe/terrón	*PAHS-toh/TEH-peh/teh-RRROHN*
leaf	hoja	*uh-HAH*
limb	limbo (de la hoja)	*LEEM-boh (deh lah UH-hah)*
native	nativo, nativa	*nah-TEE-voh, nah-TEE-vah*
perennial	planta perenne	*PLAHN-tah peh-REHN-neh*
rose	rosa	*RRROH-sah*
root	raíz	*rrrah-EEZ*
seedling	planta de semillero/	*PLAHN-tah deh seh-mee-YEH-roh/*
	almácigo	*ahl-MAH-see-goh*
shoot	brote/retoño/	*BROH-teh/reh-TOH-knee-oh/*
	renuevo	*rrreh-noo-EH-voh*
shrub	arbusto/mata	*ahr-BOOS-toh/MAH-tah*
stem	tallo	*TAH-yoh*
sub-mergent species	especies sub-	*ehs-PEH-see-ehs soob-mehr-*
	mergentes	*HEN-tehs*
tree	árbol	*AHR-ball*
turf	césped/grama/pasto/	*SEHS-pehd/GRAH-mah/PAHS-toh/*
	tepe/terrón	*TEH-peh/teh-RRROHN*
vegetable	verdura/vegetal	*vehr-DOO-rah/veh-heh-TAHL*
vine	parra/vid	*PAH-rrrah/veed*
water lily	lirio de agua/nenúfar	*LEE-ree-oh deh AH-gwah/neh-*
		NOO-fahr
weed	hierbajo	*yehr-BAH-hoh*
wildflower	flor silvestre	*floor seel-VEHS-treh*

GARDEN TERMS
VOCABULARIO ACERCA DE JARDINERÍA
voh-kah-boo-LAH-reeoh ah-SEHR-kah deh hahr-dee-neh-REE-ah

acid	ácido	*AH-see-doh*
algae	algas	*AHL-gahs*
alkaline	alcalino	*ahl-kah-LEE-noh*
berm	camellón	*kah-meh-YOHN*
cascade	cascada	*kahs-KAH-dah*
cane	caña	*KAH-knee-ah*
carbon dioxide	anhídrido carbónico/	*ah-knee-DREE-doh car-BOH-knee-koh*
	bióxido ó dioxido	*bee-OX-EE-DOH uh dee-OX-*
	de carbono	*see-doh deh car-BOH-noh*

Vocab.

clip	sujetador/gancho	*soo-heh-tah-DOOR*
conifer	conífera	*koh-KNEE-feh-rah*
companion planting	plantación acompañada	*plahn-tah-seeOHN ah-com-pah-kneeAH-dah*
compost	abono orgánico, compost	*ah-BOH-noh ohr-GAH-knee-koh compost*
crown	corona	*koh-ROH-nah*
cultivate	cultivar	*kool-tee-VAHR*
cut	corte	*COR-teh*
deadhead	cabeza hueca	*kah-BEH-sah ooEH-kah*
dormant	aletargado/durmiente	*ah-leh-tahr-GAH-doh/door-me-EHN-teh*
drought	sequía, verano	*seh-KEY-ah, veh-RAH-noh*
eco-system	ecosistema	*eh-koh-sees-TEH-mah*
edge	borde	*BOHR-deh,*
espalier	jardinería, silvicultura	*hahr-dee-neh-REE-ah, seel-vee-kool-TOO-rah*
	paisajista	*pah-ee-sah-HEES-tah*
fountain	fuente	*FWEHN-teh*
greenhouse	invernadero	*een-vehr-nah-DEH-roh*
hardy	fuerte/resistente	*FWEHR-teh/reh-sees-TEHN-teh*
herbicide	herbicida	*ehr-bee-SEE-dah*
humus	humus/mantilla	*OO-moose/mahn-TEE-yah*
hybrid	híbrido	*EE-bree-doh*
inorganic	inorgánico	*ee-nohr-GAH-knee-koh*
insecticide	insecticida	*een-sehk-tee-SEE-dah*
invasive	invasivo	*een-vah-SEE-voh*
node	nódulo	*NOH-doo-loh*
organic	orgánico	*ohr-GAH-knee-koh*
oxygenators	oxigenadores	*ox-ee-heh-nah-DOH-rehs*
pesticide	pesticida	*pehs-tee-SEE-dah*
repot	cambiar de maceta	*cam-BEE-ahr deh mah-SEH-tah*
rock	roca	*RRROH-kah*
rock garden	jardín de roca	*hahr-DEEN deh RRROH-kah*
root bound	en dirección a la raíz	*ehn dee-rehk-see-OHN ah lah rrah-EEZ*
sod	césped/grama/ pasto/tepe/terrón	*SEHS-pehd/GRAH-mah/ PAHS-toh/TEH-peh/teh-RRROHN*

Vocab.

soil	suelo/tierra	*SWEH-loh/tee-EH-rrrah*
systemic	sistémico	*sees-TEH-me-koh*
transplant	transplantar	*trahns-plahn-TAHR*
trim	recortar	*rrreh-kohr-TAHR*
waterfall	cascada	*kahs-KAH-dah*
weeding	desyerbar/	*dehs-YEHR-bahr/*
	cortar la maleza	*cor-TAHR lah mah-LEH-sah*
wilt	marchitarse,	*mahr-chee-TAHR-seh,*
	marchito	*mahr-CHEE-toh*

STONE NAMES
NOMBRES DE PIEDRAS / ROCAS
NOHM-brehs deh pee-EH-drahs / RRROH-kahs

architectural cut limestone	piedra caliza con corte arquitectónico	*pee-EH-drah kah-LEE-sah kohn KOHR-teh ahr-key-tehk-TOH-knee-koh*
bluestone	piedra azul	*pee-EH-drah ah-SOOL*
brick	ladrillo	*lah-DREE-yoh*
cast stone	piedra de desecho	*pee-EH-drah deh deh-SEH-choh*
cobbles	guijarros	*gee-HAH-rrrohs*
fieldstone	piedras del campo	*pee-EH-drahs dehl KAHM-poh*
flagstone	losa de piedra/lápida	*LOH-sah deh pee-EH-drah/ LAH-pee-dah*
granite	granito	*grah-KNEE-toh*
gravel	grava	*GRAH-vah*
lava rock	piedra de lava	*pee-EH drah deh LAH-vah*
limestone	piedra caliza	*pee-EH-drah kah-LEE-sah*
marble	mármol	*MAHR-mohl*
man-made stone	piedra/roca artificial	*pee-EH-drah/RRROH-kah ahr-tee-fee-seeAHL*
natural stone	piedra/roca natural	*pee-EH-drah/RRROH-kah nah-too-RAHL*
old brick	ladrillo viejo	*lah-DREE-yoh vee-EH-hoh*
pavers	piedra para pavimentar	*pee-EH-drah PAH-rah pah-vee-mehn-TAHR*
pebbles	guijo/guijarro/ granzón/granza	*GEE-hoh/GEE-hah-rrroh grahn-SOHN/GRAHN-sh*
quartzite	cuarcita	*kwahr-SEE-tah*
rock	roca	*RRROH-kah*
salvaged brick	ladrillo recuperado	*lah-DREE-yoh reh-koo-peh-RAH-doh*

sand	arena	*ah-REH-nah*
sandstone	arenisca	*ah-reh-KNEES-kah*
slate	pizarra	*pee-SAH-rrrah*
soapstone	piedra de jabón	*pee-EH-drah deh HAH-bohn*
	talco natural	*TAHL-koh nah-TOO-rahl*
	piedra de talco	*pee-EH-drah deh TAHL-koh*
	esteatita	*ehs-teh-ah-TEE-tah*
stone	piedra	*pee-EH-drah*
thin set	conjunto delgado	*kohn-HOON-toh dehl-GAH-doh*
travertine	mármol travertino	*MAHR-mohl trah-vehr-TEE-noh*

STONE TERMS
VOCABULARIO ACERCA DE PIEDRAS / ROCAS
voh-kah-boo-LAH-reeoh deh pee-EH-drahs / RRROH-kahs

aggregate	agregado	*ah-greh-GAH-doh*
brick patio	patio de ladrillos	*PAH-tee-oh deh lah-DREE-yohs*
brick wall	pared de ladrillos	*pah-REHD deh lah-DREE-yohs*
dry stack	apilado en seco	*ah-pee-LAH-doh ehn SEH-koh*
fire pit	hoyo para el fuego	*UH-yoh PAH-rah ehl foo-EH-goh*
patio	patio	*PAH-tee-oh*
stone and mortar	piedra y mortero, cal y canto	*pee-EH-drah ee mohr-TEH-roh, kahl ee KAHN-toh*
stone wall	pared de piedra	*PAH-rehd deh pee-EH-drah*
walkway	puente/camino	*poo-EHN-teh/kah-MEE-noh*

LIGHTING NAMES
VOCABULARIO ACERCA DE ILUMINACIÓN
voh-kah-boo-LAH-ree-oh ah-SEHR-kah deh ee-loo-mee-nah-seeON

architectural lighting	iluminación arquitectónica	*ee-loo-mee-nah-seeON ahr-key-tehk-TOH-knee-kah*
bullet light	luz de bombillas	*LOO-ss deh bohm-BEE-yahs*
copper fixture	artefacto de iluminación de cobre	*ahr-teh-FAHK-toh deh ee-loo-mee-nah-seeON deh KOH-breh*
deck light	luz para la cubierta/el balcón	*LOO-ss PAH-rah lah koo-be-EHR-tah/ehl bahl-KOHN*
flood light	reflector	*reh-fleck-TOHR*
garden lighting	iluminación para el jardín	*ee-loo-mee-nah-seeON PAH-rah ehl hahr-DEEN*

Vocab.

lamp	lámpara	*LAHM-pah-rah*
	foco de luz	*FOH-koh deh LOO-ss*
	bombilla	*bohm-BEE-yah*
lamp post	poste	*POHS-teh*
landscape lighting	iluminación	*ee-loo-mee-nah-seeON*
	para paisajismo	*PAH-rah pah-ee-sah-HEES-moh*
lanterns	linternas/lámparas	*leen-TEHR-nahs/LAHM-pah-rahs*
low voltage	bajo voltaje	*BAH-hoh vohl-TAH-heh*
pathway light	luz guía	*LOO-ss GEE-ah*
	para caminos	*PAH-rah KAH-mee-nohs*
pond light	luz para estanque/	*LOO-ss PAH-rah ehs-TAHN-keh*
	charca	*CHAHR-kah*
post lantern	luz para poste	*LOO-ss PAH-rah POHS-teh*
sconces	candelabros	*kahn-deh-LAH-brohs*
stake	estaca	*ehs-TAH-kah*
spot lights	luz direccional	*LOO-ss dee-rehk-see-oh-NAHL*
task lights	luz de trabajo	*LOO-ss deh trah-BAH-hoh*
torches	antorcha	*ahn-TOHR-chah*
uplight	luz superior	*LOO-ss soo-peh-ree-OHR*
well light	luz de pozo	*LOO-ss deh POH-soh*

LIGHTING TERMS
VOCABULARIO ACERCA DE ELECTRICIDAD
voh-kah-boo-LAH-ree-oh ah-SEHR-kah deh eh-lehk-tree-see-DAHD

buried box	caja desmontada	*KAH-hah dehs-mohn-TAH-dah*
cable	cable	*KAH-bleh*
circuit	circuito	*seer-KWEE-toh*
circuit breaker	interruptor de	*een-teh-rrroop-TOHR deh*
	circuito	*seer-KWEE-toh*
clips	clips/ganchitos	*clips/gahn-CHEE-tohs*
conduit	conducto	*kohn-DOOK-toh*
corrosion proof	a prueba de	*ah proo-EH-bah deh*
	corrosión	*koh-rrroh-seeON*
electric-eye switch	interruptor	*een-teh-rrroop-TOHR*
	fotoeléctrico	*foh-toh-eh-LEHK-tree-koh*
garden light	luz para el jardín	*LOOS-ss PAH-rah ehl hahr-DEEN*
gfi box	caja del interruptor	*KAH-hah dehl een-teh-rrroop-TOHR*
	de falla de tierra	*deh FAH-yah deh tee-EH-rrrah*

ground fault interruptor	interruptor de falla de tierra	*een-teh-rrroop-TOHR deh FAH-yah deh tee-EH-rrrah*
halogen bulb	lámpara/foco/bombilla halógena	*LAHM-pah-rah/FOH-koh/bohm-BEE-yah ah-LOH-heh-nah*
heating cable	cable calentador	*KAH-bleh kah-lehn-tah-DOOR*
heavy-wall	pared pesada	*PAH-rehd peh-SAH-dah*
hook	gancho/garfio	*GAHN-choh/GAHR-fee-oh*
insulator	aislante	*ah-ees-LAHN-teh*
low voltage	bajo voltaje	*BAH-hoh vohl-TAH-heh*
line voltage	voltaje de línea	*vohl-TAH-heh deh LEE-nee-ah*
moisture-resistant	resistente a la humedad	*reh-sees-TEHN-teh ah lah oo-meh-DAHD*
outdoor switch wire	cable del interruptor exterior	*KAH-bleh dehl een-teh-rrroop-TOHR ex-teh-reeOHR*
prongs	contactos eléctricos/prominencias	*kohn-TAHK-tohs eh-LEHK-tree-kohs/proh-mee-NEHN-seeahs*
plastic-sheathed cable	cable cubierto con hoja plástica	*KAH-bleh koo-bee-EHR-toh kohn UH-hah PLAHS-tee-kah*
plastic insulation	aislante plástico	*ah-ees-LAHN-teh PLAHS-tee-koh*
receptacle	receptáculo/recipiente	*reh-sehp-TAH-koo-loh/reh-see-peeEHN-teh*
rigid plastic conduit	conducto plástico rígido	*kohn-DOOK-toh PLAHS-tee-koh REE-he-doh*
service panel	panel de servicio	*pah-NEHL deh sehr-VEE-seeoh*
solar	solar	*soh-LAHR*
socket	tomacorriente/enchufe	*toh-mah-koh-ree-EHN-teh/ehn-CHOO-feh*
step light	luz de paso	*LOO-ss deh PAH-soh*
thin-wall metal conduit	conducto de metal de paredes delgadas	*kohn-DOOK-toh deh meh-TAHL deh pah-REH-dehs dehl-GAH-dahs*
trench	trinchera/zanja	*treen-CHEH-rah/SAHN-hah*
tw wires	alambres tipo Taiwan	*ah-LAHM-brehs TEE-poh tah-ee-WAN*
uf cable	cable de ultra frecuencia	*KAH-bleh deh OOL-trah freh-KWEHN-seeah*
wall mounted receptacle	receptáculo montado en la pared	*reh-sep-TAH-koo-loh mohn-TAH-doh ehn lah PAH-rehd*
weatherproof fixtures	dispositivos a prueba de agua	*dees-poh-see-TEE-vohs ah proo-EH-bah deh AH-gwah*

INSECTS
INSECTOS
een-SEHK-tohs

Vocab.

ant	hormiga	*ohr-MEE-gah*
aphid	áfido	*AH-fee-doh*
bagworm	gusano de bolsa	*goo-SAH-noh deh BOHL-sah*
bee	abeja	*ah-BEH-hah*
beetle	escarabajo/coco	*ehs-kah-rah-BAH-hoh/KOH-koh*
boxelder bug	chinche del arce	*CHEEN-cheh dehl AHR-seh*
butterfy	mariposa	*mah-ree-POH-sah*
caterpillar	oruga	*uh-ROO-gah*
cricket	grillo	*GREE-yoh*
dragonfly	libélula	*lee-BEH-loo-lah*
fire ant	hormiga de fuego	*ohr-MEE-gah deh FWEH-goh*
grasshopper	saltamontes	*sahl-tah-MOHN-tehs*
grubworm	gusano excavador/	*goo-SAH-noh ex-kah-vah-DOOR/*
	lombriz excavadora	*luhm-BREES ex-kah-vah-DOH-rah*
Japanese beetle	escarabajo japonés	*ehs-kah-rah-BAH-hoh hah-poh-NEHS*
lady bug	mariquita	*mah-ree-KEY-tah*
leafhopper	saltahojas/	*sahl-tah-UH-hahs/*
	saltamontes	*sahl-tah-MOHN-tehs*
leaf roller	enrollador de hojas	*hn-rrroh-YAH-door deh UH-hahs*
midge	mosca de agua	*MOHS-kah deh AH-gwah*
mosquito	mosquito	*mohs-KEY-toh*
nematode	nemátodo (gusano)	*hen-MAH-toh-doh (goo-SAH-noh)*
praying mantis	mantis religiosa	*MAHN-tees reh-lee-hee-OH-sah*
rose chafer	escarabajo de	*ehs-kah-rah-BAH-hoh deh*
	la rosa	*deh lah RRROH-sah*
rose leaf beetle	escarabajo de la	*ehs-kah-rah-BAH-hoh deh lah*
	hoja del rosal	*OH-hah dehl RRROH-sahl*
slug	babosa	*bah-BOH-sah*
snail	caracol	*kah-rah-KOHL*
spider mites	huevos de araña	*ooEH-vohs deh ah-RAH-knee-ah*
squash bug	chinche de las	*CHEEN-cheh deh lahs*
	calabazas	*kah-lah-BAH-sahs*
stem borer	barrenador del tallo	*bah-rrreh-nah-DOOR dehl TAH-yoh*
tent caterpillar	oruga de tienda	*oh-ROO-gah deh tee-EHN-dah*
wasp	avispa	*ah-VEES-pah*

whitefly	mosca blanca	*MOHS-kah BLAHN-kah*
weevil	gorgojo	*gohr-GOH-hoh*
	coquito	*koh-KEY-toh*
	coco	*KOH-koh*

WILDLIFE
VIDA
VEE-dah seel-VEHS-treh

armadillo	armadillo	*ahr-mah-DEE-yoh*
beaver	castor	*kahs-TOHR*
cat	gato	*GAH-toh*
chipmunk	ardilla	*ahr-DEE-yah*
coyote	coyote	*koh-YOH-teh*
dog	perro	*PEH-rrroh*
deer	ciervo/venado	*see-EHR-voh/veh-NAH-doh*
fox	zorro	*SOH-rrroh*
groundhog	marmota	*mahr-MOH-tah*
lizard	lagarto, lagartija	*lah-GAHR-toh, lah-gahr-TEE-hah*
mole	topo	*TOH-poh*
mouse, mice	ratón, ratones	*rah-TOHN, rah-TOH-nehs*
opossum	zarigüeya	*sah-ree-GWEH-yah*
	rabipelado	*rah-bee-peh-LAH-doh*
	faro	*FAH-roh*
rabbit	conejo	*koh-NEH-hoh*
raccoon	mapache	*mah-PAH-cheh*
shrew	musaraña	*moo-sah-RAH-knee-ah*
skunk	mofeta/zorrillo	*moh-FEH-tah/soh-RRREE-yoh*
snake	culebra/serpiente/	*koo-LEH-brah/sehr-pee-EHN-teh/*
	víbora	*VEE-boh-rah*
squirrel	ardilla	*ahr-DEE-yah*
toad	sapo	*SAH-poh*
vole	ratón de campo	*rrrah-TOHN deh KAHM-poh*

BIRDS
PÁJAROS
PAH-hah-rohs

| black-capped chickadee | vireo de cabeza negra | *vee-REH-oh deh kah-BEH-sah NEH-grah* |
| blue bird | azulejo | *ah-soo-LEH-hoh* |

Vocab.

blue jay	urraca de América	*oo-RRAH-kah deh ah-MEH-ree-kah*
Carolina wren	reyezuelo de Carolina	*reh-yeh-sooEH-loh deh kah-roh-LEE-nah*
cardinal	cardenal	*kahr-deh-NAHL*
cedar wax wing	ala de cera de cedro	*AH-lah deh SEH-rah deh SEH-droh*
chickadee	vireo	*vee-REH-uh*
cowbird	ave toro	*AH-veh TOH-roh*
downy wood pecker	pájaro carpintero velludo	*PAH-hah-roh car-peen-TEH-roh veh-YOU-doh*
duck	pato	*PAH-toh*
evening grosbeak	piquigordo vespertino	*pee-key-GOHR-doh vehs-pehr-TEE-noh*
flicker	aletear	*ah-leh-teh-AHR*
goose, geese	oca, ocas ganso, gansos	*UH-kah, UH-kahs GAHN-soh, GAHN-sohs*
goldfinch	lugano	*loo-GAH-noh*
grackle	turpial	*toor-pee-AHL*
gull	gaviota	*gah-vee-OH-tah*
hairy woodpecker	pájaro carpintero de copete	*PAH-hah-roh car-peen-TEH-roh deh koh-PEH-teh*
hawk	halcón	*ahl-KOHN*
heron	garza	*GAHR-sah*
house finch	pinzón doméstico	*peen-SOHN doh-MEHS-tee-koh*
house wren	reyezuelo doméstico	*reh-yeh-sooEH-loh doh-MEHS-tee-koh*
hummingbird	colibrí	*koh-lee-BREE*
junco	junco/enea	*HOON-koh/eh-NEH-ah*
mockingbird	sinsonte	*seen-SOHN-teh*
mourning dove	paloma que jumbrosa	*pah-LOH-mah keh-hoom-BROH-sah*
owl	búho	*BOO-uh*
pelican	pelícano	*peh-LEE-kah-noh*
purple finch	pinzón púrpura	*peen-SOHN POO-r-poo-rah*
pine siskin	lugano	*loo-GAH-noh*
quail	codorníz	*koh-door-NEES*
red-bellied woodpecker	pájaro carpintero de barriga roja	*PAH-hah-roh car-peen-TEH-roh deh bah-REE-gah RRROH-hah*
red-breasted nuthatch	picamaderos de pecho rojo	*pee-kah-mah-DEH-rohs deh PEH-choh RRROH-hoh*
red-winged blackbird	mirlo de alas rojas	*MEER-loh deh AH-lahs RRROH-hahs*

Vocab.

roadrunner	correcaminos	*koh-rrreh-kah-MEE-nohs*
robin	petirrojo	*peh-tee-RRROH-hoh*
sparrow	gorrión	*goh-rrree-OHN*
starling	estornino	*ehs-tohr-KNEE-noh*
tufted titmouse	paro de copete	*PAH-roh deh koh-PEH-teh*
turkey	pavo	*PAH-voh*
towhee	rascador	*rahs-kah-DOOR*
white-breasted nuthatch	picamaderos de pecho blanco	*pee-kah-mah-DEH-rohs deh PEH-choh BLAHN-koh*

WATER DWELLERS
HABITANTES DEL AGUA
ah-bee-TAHN-tehs dehl AH-gwah

fish	pez	*pehs*
frog	rana	*RRAH-nah*
goldfish	pez dorado	*pehs doh-RAH-doh*
carpa	dorada	*KAHR-pah doh-RAH-dah*
koi	koi	*KOH-ee*
native fish	pez local o nativo	*pehs loh-KAHL uh nah-TEE-voh*
salamander	salamandra	*sah-lah-MAHN-drah*
scavenger	carroñero	*kah-rrroh-knee-EH-roh*
snail	caracol	*kah-rah-KOHL*
tadpole	renacuajo	*rrreh-nah-KWAH-hoh*
turtle	tortuga	*tohr-TOO-gah*

POWER EQUIPMENT
EQUIPAMIENTO PESADO
eh-key-pah-mee-EHN-toh peh-SAH-doh

aerator	aireador	*ah-ee-reh-ah-DOOR*
chainsaw	sierra de cadena	*see-EH-rrrah deh kah-DEH-nah*
lawn mower	cortapasto/segador	*kohr-tah-PAHS-toh/seh-gah-DOOR*
leaf blower	soplador de hojas	*soh-plah-DOOR deh UH-hahs*
push mower	segadora de empuje manual	*seh-gah-DOH-rah deh ehm-POO-heh mah-noo-AHL*
riding lawn mower	podadora tipo tractor	*poh-dah-DOH-rah TEE-poh trahk-TOHR*
sod cutter	cortadora de césped/grama/pasto/tepe/terrón	*kohr-tah-DOH-rah deh SEHS-pehd/GRAH-mah/PAHS-toh/TEH-peh/teh-RRROHN*

sod roller	enrolladora de césped/grama/pasto/tepe/terrón	*ehn-rrroh-yah-DOH-rah deh SEHS-pehd/GRAH-mah/PAHS-toh/TEH-peh/teh-RRROHN*
skid steer	arado de novillo	*ah-RAH-doh deh noh-VEE-yoh*
tractor	tractor	*trahk-TOHR*
tiller	escarbadora	*ehs-car-bah-DOH-rah*
water pump	bomba de agua	*BOHM-bah deh AH-gwah*
weed trimmer	cortador de hierba	*kohr-tah-DOOR deh ee-EHR-bah*

TOOLS
HERRAMIENTAS
eh-rrrah-meEHN-tahs

axe	hacha	*AH-chah*
backpack sprayer	bomba de espalda/portátil	*BOHM-bah deh ehs-PAHL-dah/pore-TAH-teel*
bucket	balde/cubo	*BAHL-deh/KOO-boh*
brick cutter	cortador de ladrillos	*kohr-tah-DOOR deh lah-DREE-yohs*
broadcast spreader	aspersor difusor	*ahs-pehr-SOHR dee-foo-SOHR*
bulb planter	plantadora de bulbos	*plahn-tah-DOH-rah deh BULL-bohs*
chisel	cancel	*seen-SEHL*
cultivator	cultivador	*cool-tee-vah-DOOR*
drop spreader	rociador por goteo	*roh-see-ah-DOOR pohr goh-TEH-oh*
edger	cortador/bordeador	*kohr-tah-DOOR/bohr-deh-ah-DOOR*
filter	filtro	*FEEL-troh*
garden fork	tenazas de jardín	*teh-NAH-sahs deh hahr-DEEN*
gas	combustible/gasoline	*kohm-boos-TEE-bleh/gah-soh-LEE-nah*
gas/oil mix	mezcla de aceite y gasolina	*MEHS-klah deh ah-SAY-teh ee gah-soh-LEE-nah*
gas can	envase/bidón para gasolina	*ehn-VAH-seh/bee-DOHN PAH-rah gah-soh-LEE-nah*
garden hose	manguera de jardín	*man-GUEH-rah deh hahr-DEEN*
gloves	guantes	*GWAHN-tehs*
hand held spreader	rociador manual	*roh-see-ah-DOOR mah-noo-AHL*
hat	cachucha/gorra	*kah-CHOO-chah/GOH-rrrah*
hoe	azada, azadón gancho	*ah-SAH-dah, ah-sah-DOHN GAHN-choh*
hose-end sprayer	regadera adaptable para manguera	*reh-gah-DEH-rah ah-dahp-TAH-bleh PAH-rah mahn-GUEH-rah*

Vocab.

hedge trimmers	podador/tijeras	poh-dah-DOOR/tee-HEH-rahs
	bordeador de setos	bohr-deh-AH-door deh SEH-tohs
landscape fabric	lona para jardín	LOH-nah PAH-rah hahr-DEEN
ladder	escalera	ehs-kah-LEH-rah
	(de mano/móvil)	(deh MAH-noh/MOH-veel)
leaf blower	soplador de hojas	soh-plah-DOOR deh UH-hahs
leaf rake	rastrillo para hojas	rahs-TREE-yoh deh UH-hahs
loppers	machete/podadora	mah-CHEH-teh/poh-dah-DOH-rah
oil	aceite	ah-SAY-teh
pick axe	pico	PEE-koh
pole	poste/palo	POHS-teh/PAH-loh
pond liner	delimitador del	deh-lee-mee-tah-DOOR dehl
	estanque	ehs-TAHN-keh
pond strainer	perturbador del	pehr-toor-bah-DOOR dehl
	estanque	ehs-TAHN-keh
pond sterilizers	esterilizadores del	ehs-teh-ree-lee-sah-DOH-rehs dehl
	estanque	ehs-TAHN-keh
pruners	tijeras podadoras	tee-HEH-rahs poh-dah-DOH-rahs
pump up sprayer	bomba para rociar	BOHM-bah PAH-rah rrroh-see-AHR
	o asperjar	uh ahs-pehr-HAHR
rain water barrel	barril de agua	bah-RRREEL deh AH-gwah
	de lluvia	deh YOU-vee-ah
shears	tijeras podadoras	tee-HEH-rahs poh-dah-DOH-rahs
shovel	pala	PAH-lah
siphon	sifón	see-FOHN
spade	azada	ah-SAH-dah
sprinkler	regadera	reh-gah-DEH-rah
stone cutter	cortadora de piedras	kohr-tah-DOH-rah deh pee-EH-drahs
tarp	lona/loneta	LOH-nah/loh-NEH-tah
	impemeabilizada	eem-pehr-me-ah-bee-lee-SAH-dah
tree buggy/dolly	bolsa atrapa	BOHL-sah ah-TRAH-pah
	insectos	een-SEHK-tohs
tree spade	azada de árbol	ah-SAH-dah deh AHR-bohl
trowel	llana	YAH-nah
wheelbarrow	carretilla	kah-rrreh-TEE-yah
wire cutter	cortacables	kohr-tah-KAH-blehs
weed trimmer	cortamalezas	kohr-tah-mah-LEH-sahs
weed trimmer string	cuerda del	koo-EHR-dah dehl
	cortamalezas	kohr-tah-mah-LEH-sahs

SUPPLIES
PROVISIONES/SUMINISTROS
proh-vee-see-OH-nehs soo-mee-NEES-trohs

Vocab.

aquatic plant fertilizer	fertilizante para plantas acuáticas	*fehr-tee-lee-SAHN-teh PAH-rah PLAHN-tahs ah-KWAH-tee-kahs*
bale of pine straw	bola/bulto/fardo de paja de pino	*BOH-lah/BULL-toh/FAHR-doh deh PAH-hah deh PEE-noh*
bale of wheat straw	bola/bulto/fardo de paja de trigo	*BOH-lah/BULL-toh/FAHR-doh deh PAH-hah deh TREE-goh*
basket	cesta/cesto	*SEHS-tah/SEHS-toh*
brown river gravel	piedritas de río/ frijolito marrón de río	*pee-eh-DREE-tahs deh REE-oh/ free-hoh-LEE-toh mah-RRROHN deh RRREE-oh*
brown pea gravel	grava marrón/ frijolito	*GRAH-vah mah-RRROHN/ free-hoh-LEE-toh*
burlap	arpillera, fique (tela)	*ahr-pee-YEH-rah, FEE-keh (TEH-lah)*
cord	cuerda, cable	*koo-EHR-dah, KAH-bleh*
cow manure	estiércol/ bosta de vaca	*ehs-tee-EHR-kohl/ BOHS-tah deh VAH-kah*
compost	abono, compost	*ah-BOH-noh, KOHM-pohst*
compost bin	recipiente/ bote para el abono	*rrreh-see-pee-EHN-teh/ BOH-teh PAH-rah ehl ah-BOH-noh*
decorative boulder	canto rodado decorativo	*KAHN-toh rrroh-DAH-doh deh-koh-rah-TEE-voh*
decorative rock mulch	corteza de piedra decorativa	*kohr-TEH-sah deh pee-EH-drah deh-koh-rah-TEE-vah*
flags	banderas	*bahn-DEH-rahs*
flagstone	losa	*LOH-sah*
fieldstone	roca del campo	*RRROH-kah deh KAHM-poh*
fertilizer	fertilizante	*fehr-tee-lee-SAHN-teh*
fungicide	funguicida	*foon-gee-SEE-dah*
garden stakes	estacas de jardín	*ehs-TAH-kahs deh hahr-DEEN*
garden labels	etiquetas para jardín	*eh-tee-KEH-tahs PAH-rah hahr-DEEN*
grass seed	semillas de césped/ pasto	*seh-MEE-yahs deh SEHS-pehd/ PAHS-toh*
gravel	grava	*GRAH-vah*
insecticide	insecticide	*een-sehk-tee-SEE-dah*
limestone	piedra caliza	*pee-EH-drah kah-LEE-sah*
marking paint	pintura para marcar	*peen-TOO-rah PAH-rah mahr-CAR*

Vocab.

marking tape	cinta para marcar	SEEN-tah PAH-rah mahr-CAR
moisture meter	medidor de humedad higrómetro	meh-DEE-door deh oo-meh-DAHD/ ee-GROH-meh-troh
mulch	tierra negra	tee-EH-rrrah NEH-grah
	corteza de árbol	kohr-TEH-sah deh AHR-bohl
newspaper	periódico, papel de diario	peh-ree-OH-dee-koh pah-PEHL deh dee-AH-ree-oh
peat moss	musgo de turba	MOOSE-goh deh TOOR-bah
perlite	perlita	pehr-LEE-tah
pine bark mulch	corteza de pino	kohr-TEH-sah deh PEE-noh
pine bark nugget	pepitas de corteza de pino	peh-PEE-tahs deh kohr-TEH-sah deh PEE-noh
pH tester	medidor de ph	meh-DEE-door deh PEH-ah-CHEH
potting soil	tierra abonada	tee-EH-rrrah ah-boh-NAH-dah
pots	macetas/tiestos, canteros/arriates	mah-SEH-tahs/tee-EHS-tohs, kahn-TEH-rohs/ah-rrree-AH-tehs
pvc pipe	tubo o caño de pvd	TOO-boh oh KAH-knee-oh deh peh-veh-SEH
pre-emergent weed control	control de maleza pre-emergente	kohn-TROHL deh mah-LEH-sah preh-eh-mehr-HEN-teh
rain gauge	medidor de lluvia	meh-dee-DOOR deh YOU-vee-ah
rock	roca/piedra	RRROH-kah/pee-EH-drah
root stimulator	estimulador para raíces	ehs-tee-moo-lah-DOOR PAH-rah rrrah-EE-sehs
twine	bramante	brah-MAN-teh
sod	césped/grama pasto/tepe/terrón	SEHS-pehd/GRAH-mah/ PAHS-toh/TEH-peh/teh-RRROHN
shredded pine mulch	corteza de pino desmenuzada	kohr-TEH-sah deh PEE-noh dehs-meh-noo-SAH-dah
shredded hardwood mulch	corteza de madera desmenuzada	kohr-TEH-sah deh mah-DEH-rah dehs-meh-noo-SAH-dah
sand	arena	ah-REH-nah
scissors	tijeras	tee-HEH-rahs
soil amendments	correcciones/aditivos aditivos para el suelo	koh-rrrehk-see-OH-nehs/ ah-dee-TEE-vohs PAH-rah ehl soo-EH-loh
soil	acondicionador para el suelo	ah-kohn-dee-see-oh-nah-DOOR PAH-rah ehl soo-EH-loh
spray paint	pintura en aerosol	peen-TOO-rah ehn ah-eh-roh-SOHL
stone	piedra	pee-EH-drah

Vocab.
Colors

sphagnum peat moss	musgo/turba sphagnum	*MOOS-goh/TOOR-bah sphagnum*
sundials	relojes de sol	*rrreh-LOH-hehs deh sohl*
vermiculite	vermiculita	*vehr-mee-koo-LEE-tah*
window boxes	canteros/arriates para ventana	*kahn-TEH-rohs/ah-rrree-AH-tehs PAH-rah vehn-TAH-nah*
wire	alambre	*ah-LAHM-breh*
white marble rock	roca/piedra de mármol blanco	*RRROH-kah/pee-EH-drah deh MAHR-mohl BLAHN-koh*
weed preventer	preventivo para malezas	*preh-vehn-TEE-voh PAH-rah mah-LEH-sahs*
weed killer	matamalezas	*mah-tah-mah-LEH-sahs*

GARDEN ACCESSORIES
ACCESORIOS DE JARDÍN
ahk-seh-SOH-ree-ohs deh hahr-DEEN

basket	canasto/ta	*kah-NAHS-toh/tah*
bird feeder	dispensador de alimento para pájaros	*dees-pehn-sah-DOOR deh ah-lee-MEHN-toh PAH-rah PAH-hah-rohs*
bird bath	bebedero/baño para pájaros	*beh-beh-DEH-roh/BAH-knee-oh PAH-rah PAH-hah-rohs*
garden sign	cartel para el jardín	*kahr-TEHL PAH-rah ehl hahr-DEEN*
garden statue	estatua de jardín	*ehs-tah-TOO-ah deh hahr-DEEN*
hanging basket	canasto colgante	*kah-NAHS-toh kohl-GAHN-teh*
stepping stone	piedra guía (de camino)	*pee-EH-drah GEE-ah (deh kah-MEE-noh)*
urn	urna	*OOR-nah*
weather vanes	veletas	*veh-LEH-tahs*

COLORS
LOS COLORES
lohs koh-LOH-rehs

red	rojo	*RRROH-hoh*
white	blanco	*BLAHN-koh*
blue	azul	*ah-SOOL*
pink	rosado	*rrroh-SAH-doh*
purple	púrpura, morado	*POO-r-poo-rah, moh-RAH-doh*
yellow	amarillo	*ah-mah-REE-yoh*

orange	anaranjado	*ah-nah-rahn-HAH-doh*
green	verde	*VEHR-deh*
black	negro	*NEH-groh*
brown	marrón, café	*mah-RRROHN, kah-FEH*

THE DAYS OF THE WEEK
LOS DÍAS DE LA SEMANA
lohs DEE-ahs deh lah seh-MAH-nah

Monday	lunes	*LOO-nehs*
Tuesday	martes	*MAHR-tehs*
Wednesday	miércoles	*meEHR-koh-less*
Thursday	jueves	*hooEH-vehs*
Friday	viernes	*veeEHR-nehs*
Saturday	sábado	*SAH-bah-doh*
Sunday	domingo	*doh-MEEN-goh*

THE MONTHS OF THE YEAR
LOS MESES DEL AÑO
lohs MEH-sehs dehl AH-neeoh

January	enero	*eh-NEH-roh*
February	febrero	*feh-BREH-roh*
March	marzo	*MAHR-soh*
April	abril	*ah-BREEL*
May	mayo	*MAH-yoh*
June	junio	*HOO-neeoh*
July	Julio	*HOO-leeoh*
August	agosto	*ah-GOHS-toh*
September	septiembre	*sep-teeEHM-breh*
October	octubre	*ohk-TO-breh*
November	noviembre	*noh-veeEHM-breh*
December	diciembre	*dee-seeEHM-breh*

NUMBERS
LOS NÚMEROS
lohs NOO-meh-rohs

Months, Days, Numbers

0	cero	*SEH-roh*
1	uno	*OO-noh*
2	dos	*dohs*
3	tres	*trehs*
4	cuatro	*KWAH-troh*
5	cinco	*SEEN-koh*
6	seis	*SEH-ees*
7	siete	*seeEH-teh*
8	ocho	*OH-choh*
9	nueve	*nooEH-veh*
10	diez	*dee-EHS*
11	once	*OHN-seh*
12	doce	*DOH-seh*
13	trece	*TREH-seh*
14	catorce	*kah-TOHR-seh*
15	quince	*KEEN-seh*
16	dieciséis	*dee-eh-see-SEH-ees*
17	diecisiete	*dee-eh-see-seeEH-teh*
18	dieciocho	*dee-eh-see-OH-choh*
19	diecinueve	*dee-eh-see-nooEH-veh*
20	veinte	*VEIN-teh*
21	veintiuno	*vein-tee-OO-noh*
22	veintidós	*vein-tee-DOHS*
30	treinta	*TREH-in-tah*
31	treinta y uno	*TREH-in-tah ee OOH-noh*
32	treinta y dos	*TREH-in-tah ee DOHS*
40	cuarenta	*kwah-REHN-tah*
50	cincuenta	*seen-KWEHN-tah*
60	sesenta	*seh-SEHN-tah*
70	setenta	*seh-TEHN-tah*
80	ochenta	*oh-CHEN-tah*
90	noventa	*noh-VEHN-tah*
100	cien	*see-EHN*
200	doscientos	*doh-see-EHN-tohs*
300	trescientos	*treh-see-EHN-tohs*
500	quinientos	*kee-nee-EHN-tohs*
1000	mil	*meel*

Phrase Topics Table of Contents

Phrases

BASIC JOB QUESTIONS, ANSWERS AND STATEMENTS
PREGUNTAS, RESPUESTAS Y AFIRMACIONES BÁSICAS EN EL TRABAJO
*preh-GOON-tahs, rehs-pooh-ehs-TAHS ee ah-feer-mah-see-oh-NEHS
BAH-see-kahs ehn ehl trah-BAH-hoh*

How many men do you have to help you?
¿Cuántos hombres tiene para ayudarlo/a?
KWAHN-tohs OHM-brehs teeEH-neh PAH-rah ah-you-DAHR-loh/lah?

I have ____ men to help me.
Tengo _____ hombres para ayudarme.
TEHN-goh _____ OHM-brehs PAH-rah ah-you-DAHR-meh.

How big is your crew?
¿Cuán grande es su cuadrilla/equipo?
kwahn GRAHN-deh ehs soo KWAH-dree-yah/eh-KEY-poh?

My crew has ____ men.
Mi cuadrilla/equipo tiene _____ hombres.
me KWAH-dree-yah/eh-KEY-poh teeEH-neh _____ OHM-brehs.

Do you have your own tools?
¿Tiene sus propias herramientas?
teeEH-neh soos PROH-peeahs eh-rrrah-meEHN-tahs?

When can you start the job?
¿Cuándo puede comenzar con este trabajo?
KWAHN-doh pooh-EH-deh koh-mehn-SAHR kohn EHS-teh trah-BAH-hoh?

I can begin the job next week.
Puedo comenzar este trabajo la semana que viene.
pooh-EH-doh koh-mehn-SAHR EHS-teh trah-BAH-hoh lah seh-MAH-nah keh vee-EH-neh.

How long will it take you to do the job?
¿Cuánto le tomará completar el trabajo?
KWAHN-toh leh toh-mah-RAH kohm-pleh-TAHR ehl trah-BAH-hoh?

It will take a month/week/day to do the job.
Tomará un mes/una semana/un día terminar el trabajo.
toh-mah-RAH oon mehs/OO-nah seh-MAH-nah/oon DEE-ah tehr-me-NAHR ehl trah-BAH-hoh.

Can you give me a bid to do another job?
¿Puede darme un estimado para hacer otro trabajo?
pooh-EH-deh DAHR-meh oon ehs-tee-MAH-doh PAH-rah ah-SEHR OH-troh trah-BAH-hoh?

We can give you a bid to do another job.
Podemos darle un estimado para hacer otro trabajo.
poh-DEH-mohs DAHR-leh oon ehs-tee-MAH-doh PAH-rah ah-SEHR OH-troh trah-BAH-hoh.

Can you work tomorrow?
¿Puede trabajar mañana?
pooh-EH-deh trah-bah-HAHR mah-nee-AH-nah?

I can work everyday.
Puedo trabajar todos los días.
pooh-EH-doh trah-bah-HAHR TOH-dohs lohs DEE-ahs.

How much does this job pay?
¿Cuánto paga este trabajo?
KWAHN-toh PAH-gah EHS-teh trah-BAH-hoh?

Your pay is going to be $_____ per hour.
Su paga será $_____ la hora.
soo PAH-gah seh-RAH _____ DOH-lah-rehs lah OH-rah.

When is pay day?
¿Cuándo es el día de pago?
KWAHN-doh ehs ehl DEE-ah deh PAH-goh?

I will pay you at the end of the week/day/job.
Le pagaré al final de la semana/del día/del trabajo.
leh pah-GAH-reh ahl fee-NAHL deh lah seh-MAH-nah/dehl DEE-ah/dehl trah-BAH-hoh.

CONVERSATIONAL
EN CONVERSACIÓN
ehn kohn-vehr-sah-seeON

How are you today?
¿Cómo está usted hoy/Cómo le va?
KOH-moh ehs-TAH oos-TEHD ohEE/KOH-moh leh vah?

How is your family?
¿Cómo está su familia?
KOH-moh ehs-TAH soo fah-ME-leeah?

Very good, thank you.
Muy bien, gracias.
mooEE bee-EHN, GRAH-seeahs.

I will see you tomorrow.
Nos vemos mañana.
nohs VEH-mohs mah-nee-AH-nah

I will not be here tomorrow.
No estaré aquí mañana.
noh ehs-tah-REH ah-KEY mah-nee-AH-nah.

Did you have a good weekend?
¿Pasó un buen fin de semana?
pah-SOH oon bwehn feen deh seh-MAH-nah?

Yes, I had a very good weekend.
Sí, pasé un muy buen fin de semana.
see, pah-SEH oon mooEE bwehn feen deh seh-MAH-nah.

You have a good crew of men.
Tiene un buen equipo de hombres.
teeEH-neh oon bwehn eh-KEY-poh deh OHM-brehs.

Do you want to take a lunch break?
¿Quiere tomar un descanso para almorzar?
keeEH-reh toh-MAHR oon dehs-KAHN-soh PAH-rah ahl-more-SAHR?

Your work looks good.
Su trabajo se ve bien.
soo trah-BAH-hoh seh veh beEHN.

I am going to the store, do you need anything?
¿Voy a la tienda, necesita algo?
vohEE ah lah tee-EHN-dah, neh-seh-SEE-tah AHL-goh?

What time is it?
¿Qué hora es?
keh oh-RAH ehs?

GENERAL
GENERAL
heh-neh-RAHL

Do you speak English?
¿Habla inglés?
AH-blah een-GLEHS?

Do you speak Spanish?
¿Habla español?
AH-blah ehs-pah-nee-OHL?

Yes
Sí
see

No
No
noh

Please
Por favor
pore fah-VOHR

Thank you
Gracias
GRAH-seeahs

What is your name?
¿Cuál es su nombre/Cómo se llama?
kwAHL ehs soo NOHM-breh/KOH-moh seh YAH-mah?

My name is…../Me llamo…
Mi nombre es…/Me llamo…
me NOHM-breh ehs…/meh YAH-moh…

Do you have references?
¿Tiene referencias?
teeEH-neh reh-feh-REHN-seeahs?

Yes, I have references.
Sí, tengo referencias.
see, TEHN-goh reh-feh-REHN-seeahs.

No, I do not have references.
No, no tengo referencias.
noh, noh TEHN-goh reh-feh-REHN-seeahs.

What is your phone number?
¿Cuál es su número de teléfono?
kwAHL ehs soo NOO-meh-roh deh teh-LEH-foh-noh?

My phone number is_____.
Mi número es _____.
me NOO-meh-roh ehs _____.

MISCELLANEOUS
MISCELÁNEOS
me-seh-LAH-nehohs

Drug use is not tolerated.
No se permite utilizar drogas.
noh seh pehr-ME-teh oo-tee-lee-SAHR DROH-gahs.

Do you have a driver's license?
¿Tiene licencia de conducir?
teeEH-neh lee-SEHN-see-ah deh kohn-do-SEER?

Where can I get a driver's license?
¿Adónde puedo conseguir una licencia de conducir?
ah-DON-deh pooh-EH-doh kohn-seh-GEER OO-nah lee-SEHN-see-ah deh kohn-do-SEER?

Where is the hospital/clinic?
¿Adónde hay un hospital/una clínica?
ah-DON-deh AHee oon ohs-pee-TAHL/OO-nah KLEE-nee-kah?

Pick this up.
Recoja esto.
reh-KOH-hah EHS-toh.

Raise it a little.
Levántelo un poco.
leh-VAHN-teh-loh oon POH-koh.

Lower it a little
Bájelo un poco.
BAH-heh-loh oon POH-koh.

Get someone to help you.
Consiga a alguien que lo ayude.
kohn-SEE-gah ah AHL-gee-ehn keh loh ah-YOO-deh.

Where…Where is…. Where are…. What is that?
¿Adónde…Adónde está…Adónde están…Qué es eso?
¿ah-DON-deh… ah-DON-deh ehs-TAH…ah-DON-deh ehs-TAHN…keh ehs EH-soh?

Be careful!
¡Tenga cuidado!
TEHN-gah kwee-DAH-doh!

Follow me.
Sígame.
SEE-gah-meh.

Push.
Empuje.
ehm-POOH-heh.

Phrases

Pull.
Jale.
HAH-leh.

Watch out!
¡Cuidado!
kwee-DAH-doh!

Help me carry this.
Ayúdeme a cargar esto.
ah-YOU-deh-meh ah kahr-GAHR EHS-toh.

Let me help you with that.
Déjeme ayudarle con eso.
DEH-heh-meh ah-you-DAHR-leh kohn EH-soh.

Please lock the door when you leave.
Por favor cierre la puerta con llave antes de irse.
pore fah-VOHR see-EH-rrreh lah pooh-EHR-tah kohn YAH-veh AHN-tehs deh EER-seh.

The port-a-pot is out back.
El baño portable está allí atrás.
ehl BAH-neeoh pore-TAH-bleh ehs-TAH ah-YEE ah-TRAHS.

Happy Birthday!
¡Feliz cumpleaños!
feh-LEEZ koom-pleh-AH-kneeos!

Merry Christmas!
¡Feliz Navidad!
feh-LEEZ nah-vee-DAHD!

Congratulations!
¡Felicitaciones!
feh-lee-see-tah-seeOH-nehs!

Don't worry….. Be happy!
¡No te preocupes…sé feliz!
noh teh preh-oh-KOO-pehs…seh feh-LEEZ!

Life is Good!
¡La vida me/te sonríe!
lah vee-DAH meh/teh sohn-REE-eh!

LAWNS
CÉSPED/GRAMA/PASTO/TEPE/TERRÓN
SEHS-pehd/GRAH-mah/PAHS-toh/TEH-peh/teh-RRROHN

How long have you been working with lawns/sod?
¿Cuánto hace que trabaja con césped/grama/pasto/terrón/tepe?
KWAHN-toh AH-seh keh trah-BAH-hah kohn SEHS-pehd/GRAH-mah/PAHS-toh/TEH-peh/teh-RRROHN?

I have been working with lawns/sod for ____ years.
Hace _____ años que trabajo con césped/grama/pasto/tepe/terrón.
AH-seh _____ AH-neeohs keh trah-BAH-hoh kohn SEHS-pehd/GRAH-mah/PAHS-toh/TEH-peh/teh-RRROHN.

Have you ever laid sod before?
¿Ha colocado césped/grama/pasto/tepe/terrón anteriormente?
ah koh-loh-CAH-doh SEHS-pehd/GRAH-mah/PAHS-toh/TEH-peh/teh-RRROHNahn-teh-reeOHR-mehn-teh?

Have you ever rolled sod before?
¿Ha arrollado césped/terrón/tepe anteriormente?
ah ah-rrroh-YAH-doh SEHS-pehd/teh-RRROHN/TEH-peh ahn-teh-ree-ohr-MEHN-teh?

Do you have references?
¿Tiene referencias?
teeEH-neh reh-feh-REHN-seeahs?

Yes, I have references.
Sí, tengo referencias.
see, TEHN-goh reh-feh-REHN-seeahs.

No, I do not have references.
No, no tengo referencias.
noh, noh TEHN-goh reh-feh-REHN-seeahs.

Can you give me an estimate for this job?
¿Me puede dar un presupuesto por este trabajo?
meh pooh-EH-deh dahr oon preh-soo-pooEHS-toh pore EHS-teh trah-BAH-hoh?

When can you start this project?
¿Cuándo puede comenzar con este proyecto?
KWAHN-doh pooh-EH-deh koh-mehn-SAHR kohn EHS-teh proh-YEHK-toh?

I can start this job next week/in two weeks.
Puedo comenzar este trabajo la semana que viene/en dos semanas.
pooh-EH-doh koh-mehn-SAHR EHS-teh trah-BAH-hoh lah seh-MAH-nah keh vee-EH-neh/ehn DOHS seh-MAH-nahs.

How long will it take you to complete this job?
¿Cuánto le tomará completar este trabajo?
KWAHN-toh leh toh-mah-RAH kohm-pleh-TAHR EHS-teh trah-BAH-hoh?

It will take a day/week to finish.
Tomará un día/una semana terminarlo.
toh-mah-RAH oon DEE-ah/OO-nah seh-MAH-nah tehr-me-NAHR-loh.

Do you have your own tools?
¿Tiene sus propias herramientas?
teeEH-neh soos PROH-peeahs eh-rrrah-meEHN-tahs?

Have you used a sod cutter before?
¿Ha utilizado una cortadora de césped/grama/pasto/tepe/terrón anteriormente?
ah oo-tee-lee-SAH-doh OO-nah kohr-tah-DOH-rah deh SEHS-pehd/GRAH-mah/PAHS-toh/TEH-peh/teh-RRROHN ahn-teh-ree-ohr-MEHN-teh?

We need to cut and stack the sod here.
Debemos cortar y apilar el césped/grama/pasto/tepe/terrón aquí.
deh-BEH-mohs kohr-TAHR ee ah-PEE-lahr ehl deh SEHS-pehd/GRAH-mah/PAHS-toh/TEH-peh/teh-RRROHN ah-KEY.

We need to apply fertilizer with a push spreader.
Debemos aplicar fertilizante con el roceador de mano.
deh-BEH-mohs ah-PLEE-kahr fehr-tee-lee-SAHN-teh kohn ehl roh-seh-ah-DOOR deh MAH-noh.

We need to check the setting on the spreader before applying the fertilizer.
Debemos chequear la posición en el roceador antes de colocar el fertilizante.
*deh-BEH-mohs cheh-keh-AHR lah poh-see-seeON kohn ehl roh-see-ah-DOOR
AHN-tehs deh koh-loh-CAR ehl fehr-tee-lee-SAHN-teh.*

We need to rake the leaves from the lawn and bag them up.
Debemos rastrillar las hojas del césped/grama/pasto/tepe/terrón y colocarlas en bolsas.
*deh-BEH-mohs rahs-tree-YAHR lahs UH-hahs dehl SEHS-pehd/GRAH-mah/PAHS-
toh/TEH-peh/teh-RRROHN ahn-teh-reeOHR-mehn-teh ee koh-loh-CAR-lahs ehn
BOHL-sahs.*

We need to blow all the walkways.
Debemos pasar el soplador de hojas por todos los pasillos.
*deh-BEH-mohs pah-SAHR ehl soh-plah-DOOR deh UH-hahs pore TOH-dohs lohs
pah-SEE-yohs.*

We need to blow the driveway.
Debemos pasar el soplador de hojas por la entrada para carros.
*deh-BEH-mohs pahs-SAHR ehl soh-plah-DOOR deh UH-hahs pore lah
ehn-TRAH-dah PAH-rah KAH-rrrohs.*

We need to mow this lawn.
Debemos cortar este césped/grama/pasto/tepe/terrón.
*deh-BEH-mohs kohr-TAHR EHS-teh SEHS-pehd/GRAH-mah/PAHS-toh/TEH-
peh/teh-RRROHN.*

We need to edge the beds.
Debemos pasar el bordeador por los canteros/arriates.
*deh-BEH-mohs pah-SAHR ehl bohr-deh-ah-DOOR pore lohs kahn-TEH-rohs/ah-
rrree-AH-tehs.*

We need to weed eat along the fence line.
Debemos pasar el cortapasto con hilo a lo largo de la línea del cerco.
*deh-BEH-mohs pah-SAHR ehl kohr-tah-PAHS-toh kohn EE-loh ah loh LAHR-goh
deh lah LEE-nee-ah dehl SEHR-koh.*

We need to remove all clippings from the lawn as needed.
Debemos retirar todos los recortes del césped/grama/pasto/tepe/terrón a medida
que se necesite.
*deh-BEH-mohs reh-TEE-rahs TOH-dohs lohs reh-KOHR-tehs dehl SEHS-pehd/GRAH-
mah/PAHS-toh/TEH-peh/teh-RRROHNah meh-DEE-dah keh seh neh-seh-SEE-teh.*

We need to bag all the debris.
Debemos embolsar todos los escombros.
deh-BEH-mohs ehm-BALL-sahr TOH-dohs lohs ehs-KOHM-brohs.

We need more fertilizer.
Necesitamos más fertilizante.
neh-seh-see-TAH-mohs mahs fehr-tee-lee-SAHN-teh.

We need more bags.
Necesitamos más bolsas.
neh-seh-see-TAH-mohs mahs BALL-sahs.

We need more sod.
Necesitamos más césped/grama/pasto/tepe/terrón.
neh-seh-see-TAH-mohs mahs SEHS-pehd/GRAH-mah/PAHS-toh/TEH-peh/teh-RRROHN.

Where is the the blower?
¿Adónde está el soplador de hojas?
ah-DOHN-deh ehs-TAH ehl soh-plah-DOOR deh UH-hahs?

Where is the rake?
¿Adónde está el rastrillo?
ah-DOHN-deh ehs-TAH ehl rahs-TREE-yoh?

Where is the weed trimmer?
¿Adónde está el cortador de hierba?
ah-DOHN-deh ehs-TAH ehl kohr-tah-DOOR deh ee-EHR-bah?

Where is the weed trimmer string?
¿Adónde está el hilo para el cortador de hierba?
ah-DOHN-deh ehs-TAH ehl EE-loh PAH-rah kohr-tah-DOOR deh ee-EHR-bah?

Where are the bags?
¿Adónde están las bolsas?
ah-DOHN-deh ehs-TAHN lahs BALL-sahs?

Is there an area for composting?
¿Existe un área para descomposición de desechos?
ex-SEES-teh oon AH-reh-ah PAH-rah dehs-kohm-poh-see-seeON deh deh-SEH-chohs?

WATER GARDENING
JARDINERÍA ACUÁTICA
hahr-dee-neh-REE-ah ah-KWAH-tee-kah

How long have you been working with water gardens and ponds?
¿Cuánto hace que trabaja con jardines acuáticos y estanques?
*KWAHN-toh AH-seh keh trah-BAH-hah kohn hahr-DEE-nehs ah-KWAH-tee-kohs
ee ehs-TAHN-kehs?*

I have been working with water gardens and ponds for ____ years.
Hace _____ años que trabajo con jardines acuáticos y estanques.
*AH-seh _____ AH-neeohs keh trah-BAH-hoh kohn hahr-DEE-nehs ah-
KWAH-tee-kohs ee ehs-TAHN-kehs.*

Do you have references?
¿Tiene referencias?
teeEH-neh reh-feh-REHN-seeahs?

Yes, I have references.
Sí, tengo referencias.
see, TEHN-goh reh-feh-REHN-seeahs.

No, I do not have references.
No, no tengo referencias.
noh, noh TEHN-goh reh-feh-REHN-seeahs.

Can you give me an estimate for this job?
¿Me puede dar un presupuesto por este trabajo?
meh pooh-EH-deh dahr oon preh-soo-pooEHS-toh pore EHS-teh trah-BAH-hoh?

When can you start this project?
¿Cuándo puede comenzar con este proyecto?
KWAHN-doh pooh-EH-deh koh-mehn-SAHR kohn EHS-teh proh-YEHK-toh?

I can start this job next week/in two weeks.
Puedo comenzar este trabajo la semana que viene/en dos semanas.
*pooh-EH-doh koh-mehn-SAHR EHS-teh trah-BAH-hoh lah seh-MAH-nah keh vee-
EH-neh/ehn DOHS seh-MAH-nahs.*

Phrases

How long will it take you to complete this job?
¿Cuánto le tomará completar este trabajo?
KWAHN-toh leh toh-mah-RAH kohm-pleh-TAHR EHS-teh trah-BAH-hoh?

It will take a day/week to finish.
Tomará un día/una semana terminarlo.
toh-mah-RAH oon DEE-ah/OO-nah seh-MAH-nah tehr-me-NAHR-loh.

Do you have your own tools?
¿Tiene sus propias herramientas?
teeEH-neh soos PROH-peeahs eh-rrrah-meEHN-tahs?

We need to draw a plan.
Debemos bosquejar un esquema.
deh-BEH-mohs bohs-KEH-hahr oon ehs-KEH-mah.

We need to outline the pond area.
Debemos trazar el área del estanque.
deh-BEH-mohs trah-SAAR ehl AH-reh-ah dehl ehs-TAHN-keh.

We need to mark it with flags.
Debemos marcarlo con banderines.
deh-BEH-mohs mahr-CAR-loh kohn bahn-deh-REE-nehs.

We need to remove the sod.
Debemos remover el césped/grama/pasto/tepe/terrón.
deh-BEH-mohs reh-moh-VEHR ehl SEHS-pehd/GRAH-mah/PAHS-toh/TEH-peh/teh-RRROHN

We need to dig a hole.
Debemos cavar una fosa.
deh-BEH-mohs kah-VAHR OO-nah FOH-sah.

We need to dig out the center.
Debemos cavarle el centro.
deh-BEH-mohs kah-VAHR-leh ehl SEHN-troh.

We need to dig _____ deep in the center.
Debemos cavar unos _____ pies de profunidad en el centro.
deh-BEH-mohs kah-VAAR OO-nohs _____ pee-EHS deh proh-foon-dee-DAHD ehn ehl SEHN-troh.

We need to dig _____ for the sides.
Debemos cavar _____ pies para los costados.
deh-BEH-mohs kah-VAAR _____ pee-EHS PAH-rah lohs kohs-TAH-dohs.

Did you see that frog jump?
¿Ha visto a ese sapo que saltó?
ah VEES-toh ah EH-seh SAH-poh keh sahl-TOH?

We need to make the hole _____ft. x _____ft.
Debemos cavar la fosa de _____ pies por _____ pies.
deh-BEH-mohs kah-VAAR lah FOH-sah deh _____ pee-EHS pore _____ pee-EHS.

We need to remove all rocks.
Debemos remover todas las piedras/rocas.
deh-BEH-mohs reh-moh-VEER TOH-dahs lahs pee-EH-drahs/RRROH-kahs.

We need to remove all roots.
Debemos remover todas las raíces.
deh-BEH-mohs TOH-dahs lahs rrrah-EE-sehs.

We need to put the sand in the bottom.
Debemos colocar arena en el fondo.
deh-BEH-mohs koh-loh-CAR ah-REH-nah ehn ehl FOHN-doh.

We need to install the liner.
Debemos instalar el delimitador/la funda.
deh-BEH-mohs eens-tah-LAAR ehl deh-lee-me-tah-DOOR/lah FOON-dah.

We need to smooth out the wrinkles.
Debemos alisar las arrugas.
deh-BEH-mohs ah-lee-SAHR lahs ah-RRROO-gahs.

We need to install the pipe for the fountain.
Debemos instalar la cañería para la fuente.
deh-BEH-mohs eens-tah-LAHR lah kah-knee-eh-REE-ah PAH-rah lah FWEHN-teh.

We need to put rocks around the edge.
Debemos colocar piedras/rocas alrededor del borde.
deh-BEH-mohs koh-loh-CAR pee-EH-drahs/RRROH-kahs ahl-rrreh-deh-DOOR dehl BOHR-deh.

We need to fill up the pond with water.
Debemos llenar el estanque con agua.
deh-BEH-mohs yeh-NAHR ehl ehs-TAN-keh kohn AH-gwah.

We need more rocks.
Necesitamos más piedras/rocas.
neh-seh-see-TAH-mohs mahs pee-EH-drahs/RRROH-kahs.

We need more sand.
Necesitamos más arena.
neh-seh-see-TAH-mohs mahs ah-REH-nah.

We need more pipe.
Necesitamos más caños.
neh-seh-see-TAH-mohs mahs KAH-knee-ohs.

We need more plants.
Necesitamos más plantas.
neh-seh-see-TAH-mohs mahs PLAHN-tahs.

We need more fish.
Necesitamos más peces.
neh-seh-see-TAH-mohs mahs PEH-sehs.

We need more snails.
Necesitamos más caracoles.
neh-seh-see-TAH-mohs mahs kah-rah-KOH-lehs.

We need another shovel.
Necesitamos otra pala.
neh-seh-see-TAH-mohs OH-trah PAH-lah.

Where is the shovel?
¿Adónde está la pala?
ah-DOHN-deh ehs-TAH lah PAH-lah?

Where are the rocks?
¿Adónde están las piedras/rocas?
ah-DOHN-deh ehs-TAHN lahs pee-EH-drahs/RRROH-kahs?

Where is the sand?
¿Adónde está la arena?
ah-DOHN-deh ehs-TAH lah ah-REH-nah?

Where are the flags?
¿Adónde están los banderines?
ah-DOHN-deh ehs-TAHN lohs bahn-deh-REE-nehs?

Where is the water hose?
¿Adónde está la manguera?
ah-DOHN-deh ehs-TAH lah mahn-GEH-rah?

Where is the wheelbarrow?
¿Adónde está la carretilla?
ah-DOHN-deh ehs-TAH lah kah-rrreh-TEE-yah?

Where is the back hoe?
¿Adónde está la retroexcavadora?
ah-DOHN-deh ehs-TAH lah reh-troh-ex-kah-vah-DOH-rah?

Where is the pond liner?
¿Adónde está el delimitador del estanque?
ah-DOHN-deh ehs-TAH ehl deh-lee-me-tah-DOOR dehl ehs-TAHN-keh?

Where is the pump?
¿Adónde está la bomba?
ah-DOHN-deh ehs-TAH lah BOHM-bah?

Where is the filter?
¿Adónde está el filtro?
ah-DOHN-deh ehs-TAH ehl FEEL-troh?

Where is the level?
¿Adónde está el nivel?
ah-DOHN-deh ehs-TAH ehl knee-VEHL?

Where is the stone?
¿Adónde está la piedra/roca?
ah-DOHN-deh ehs-TAH lah pee-EH-drah/RRROH-kah?

Where is the heater?
¿Adónde está la calefacción?
ah-DOHN-deh ehs-TAH lah kah-leh-fahk-seeON?

Where are the plants?
¿Adónde están las plantas?
ah-DOHN-deh ehs-TAHN lahs PLAHN-tahs?

Where are the fish?
¿Adónde están los peces?
ah-DOHN-deh ehs-TAHN lohs PEH-sehs?

We need to get an inspection.
Debemos obtener una inspección.
deh-BEH-mohs ohb-teh-NEHR OO-nah eens-pek-seeON.

We need to put the debris in the dumpster.
Debemos colocar los escombros en el basurero.
deh-BEH-mohs koh-loh-CAR lohs ehs-KOHM-brohs ehn ehl bah-soo-REH-roh.

We need to clean up the job-site daily.
Debemos limpiar el área de trabajo a diario.
deh-BEH-mohs leem-pee-AHR ehl AH-ree-ah deh trah-BAH-hoh ah dee-AH-reeoh.

DECORATIVE STONE WORK
TRABAJO CON PIEDRA/ROCA DECORATIVA
trah-BAH-hoh kohn pee-EH-drah/RRROH-kah deh-koh-rah-TEE-vah

How long have you been working with stone?
¿Cuánto hace que trabaja con piedra/roca?
KWAHN-toh AH-seh keh trah-BAH-hah kohn pee-EH-drah/RRROH-kah?

I have been working with stone for _____ years.
Hace _____ años que trabajo con piedra/roca.
AH-seh _____ AH-neeohs keh trah-BAH-hoh kohn pee-EH-drah/RRROH-kah.

Do you have references?
¿Tiene referencias?
teeEH-neh reh-feh-REHN-seeahs?

Yes, I have references.
Sí, tengo referencias.
see, TEHN-goh reh-feh-REHN-seeahs.

No, I do not have references.
No, no tengo referencias.
noh, noh TEHN-goh reh-feh-REHN-seeahs.

Can you give me an estimate for this job?
¿Me puede dar un presupuesto por este trabajo?
meh pooh-EH-deh dahr oon preh-soo-pooEHS-toh pore EHS-teh trah-BAH-hoh?

When can you start this project?
¿Cuándo puede comenzar con este proyecto?
KWAHN-doh pooh-EH-deh koh-mehn-SAHR kohn EHS-teh proh-YEHK-toh?

I can start this job next week/in two weeks.
Puedo comenzar este trabajo la semana que viene/en dos semanas.
pooh-EH-doh koh-mehn-SAHR EHS-teh trah-BAH-hoh lah seh-MAH-nah keh vee-EH-neh/ehn DOHS seh-MAH-nahs.

How long will it take you to complete this job?
¿Cuánto le tomará completar este trabajo?
KWAHN-toh leh toh-mah-RAH kohm-pleh-TAHR EHS-teh trah-BAH-hoh?

It will take a day/week to finish.
Tomará un día/una semana terminarlo.
toh-mah-RAH oon DEE-ah/OO-nah seh-MAH-nah tehr-me-NAHR-loh.

Do you have your own tools?
¿Tiene sus propias herramientas?
teeEH-neh soos PROH-peeahs eh-rrrah-meEHN-tahs?

We need to build a stone wall.
Debemos construir una pared de piedra.
deh-BEH-mohs kohns-TROO-eer OO-nah pah-REHD deh pee-EH-drah.

We need to build a dry stack stone wall.
Debemos construir una pared de piedra en seco.
deh-BEH-mohs kohns-TROO-eer OO-nah pah-REHD deh pee-EH-drah ehn SEH-koh.

We need to build a retaining wall.
Debemos construir una pared de contención.
deh-BEH-mohs kohns-TROO-eer OO-nah pah-REHD deh kohn-ten-seeON.

We need to lay a stone/brick walkway.
Debemos colocar un camino de piedra/roca/ladrillo.
deh-BEH-mohs koh-loh-CAR oon kah-ME-noh deh pee-EH-drah/RRROH-kah/lah-DREE-yoh.

We need to lay a stone/brick patio.
Debemos colocar un patio de piedra/roca/ladrillo.
deh-BEH-mohs koh-loh-CAR oon PAH-tee-oh deh pee-EH-drah/RRROH-kah/lah-DREE-yoh.

We need to build a fire pit.
Debemos cavar un hoyo/una fosa para el fuego.
deh-BEH-mohs kah-VAHR oon OH-yoh/OO-nah FOH-sah PAH-rah ehl FWEH-goh.

We need to stack the stone here.
Debemos apilar las piedras/rocas aquí.
deh-BEH-mohs ah-pee-LAHR lahs pee-EH-drahs/RRROH-kahs ah-KEY.

We need to build a lily pond.
Debemos construir un estanque para lirios acuáticos.
deh-BEH-mohs kohns-TROO-eer oon ehs-TAHN-keh PAH-rah LEE-reeohs ah-KWAH-tee-kohs.

We need to install French drains.
Debemos instalar un desagüe/drenaje francés.
deh-BEH-mohs eens-tah-LAHR oon deh-SAH-gweh/dreh-NAH-heh frahn-SEHS.

We need to add gravel to this trench before laying the drainpipe.
Debemos agregarle grava a esta trinchera/zanja antes de colocar la cañería.
deh-BEH-mohs ah-greh-GAHR-leh GRAH-vah ah EHS-tah treen-CHEH-rah/SAHN-hah AHN-tehs deh koh-loh-CAR lah kah-knee-eh-REE-ah.

We need to cover this trench with _____ inches of soil.
Debemos cubrir esta trinchera/zanja con _____ pulgadas de tierra.
*deh-BEH-mohs koo-BREER EHS-tah treen-CHEH-rah/SAHN-hah kohn
_____ pool-GAH-dahs deh tee-EH-rrrah.*

We need more rock.
Necesitamos más piedras/rocas.
neh-seh-see-TAH-mohs mahs pee-EH-drahs/RRROH-kahs.

We need more sand.
Necesitamos más arena.
neh-seh-see-TAH-mohs mahs ah-REH-nah.

We need more mortar.
Necesitamos más argamasa/mezcla.
neh-seh-see-TAH-mohs mahs ahr-gah-MAH-sah/MEHS-klah.

We need more bricks.
Necesitamos más ladrillos.
neh-seh-see-TAH-mohs mahs lah-DREE-yohs.

We need more water to mix this with.
Necesitamos más agua para poder mezclar esto.
neh-seh-see-TAH-mohs mahs AH-gwah PAH-rah poh-DEHR mehs-KLAHR EHS-toh.

We need a five gallon bucket of water.
Necesitamos cinco galones de agua (en un balde/cubo).
*neh-seh-see-TAH-mohs SEEN-koh gah-LOH-nehs deh AH-gwah
(ehn oon BAHL-deh/KOO-boh).*

Where is the water hose?
¿Adónde está la manguera?
ah-DOHN-deh ehs-TAH lah mahn-GEH-rah?

Where is the sand?
¿Adónde está la arena?
ah-DOHN-deh ehs-TAH lah ah-REH-nah?

Where is the trowel?
¿Adónde está la llana?
ah-DOHN-deh ehs-TAH lah YAH-nah?

We need to get an inspection.
Debemos obtener una inspección.
deh-BEH-mohs ohb-teh-NEHR OO-nah eens-pek-seeON.

We need to put the debris in the dumpster.
Debemos colocar los escombros en el basurero.
deh-BEH-mohs koh-loh-CAR lohs ehs-KOHM-brohs ehn ehl bah-soo-REH-roh.

We need to clean up the job-site daily.
Debemos limpiar el área de trabajo a diario.
deh-BEH-mohs leem-pee-AHR ehl AH-ree-ah deh trah-BAH-hoh ah dee-AH-reeoh.

DECORATIVE LIGHTING
ILUMINACIÓN DECORATIVA
ee-loo-me-nah-seeON deh-koh-rah-TEE-vah

How long have you been working with lighting?
¿Cuánto hace que trabaja con iluminación?
KWAHN-toh AH-seh keh trah-BAH-hah kohn ee-loo-mee-nah-seeON?

I have been working with lighting for _____ years.
Hace _____ años que trabajo con iluminación.
*AH-seh _____ AH-neeohs keh trah-BAH-hoh kohn ee-loo-mee-nah-seeON
ee-loo-mee-nah-seeON.*

Do you have references?
¿Tiene referencias?
teeEH-neh reh-feh-REHN-seeahs?

Yes, I have references.
Sí, tengo referencias.
see, TEHN-goh reh-feh-REHN-seeahs.

No, I do not have references.
No, no tengo referencias.
noh, noh TEHN-goh reh-feh-REHN-seeahs.

Can you give me an estimate for this job?
¿Me puede dar un presupuesto por este trabajo?
meh pooh-EH-deh dahr oon preh-soo-pooEHS-toh pore EHS-teh trah-BAH-hoh?

When can you start this project?
¿Cuándo puede comenzar con este proyecto?
KWAHN-doh pooh-EH-deh koh-mehn-SAHR kohn EHS-teh proh-YEHK-toh?

I can start this job next week/in two weeks.
Puedo comenzar este trabajo la semana que viene/en dos semanas.
pooh-EH-doh koh-mehn-SAHR EHS-teh trah-BAH-hoh lah seh-MAH-nah keh vee-EH-neh/ehn DOHS seh-MAH-nahs.

How long will it take you to complete this job?
¿Cuánto le tomará completar este trabajo?
KWAHN-toh leh toh-mah-RAH kohm-pleh-TAHR EHS-teh trah-BAH-hoh?

It will take a day/week to finish.
Tomará un día/una semana terminarlo.
toh-mah-RAH oon DEE-ah/OO-nah seh-MAH-nah tehr-me-NAHR-loh.

Do you have your own tools?
¿Tiene sus propias herramientas?
teeEH-neh soos PROH-peeahs eh-rrrah-meEHN-tahs?

We need to mark the entrances to the driveway.
Debemos marcar los ingresos para la entrada de los carros.
deh-BEH-mohs mahr-CAR lohs een-GREH-sohs PAH-rah lah ehn-TRAH-dah deh lohs KAH-rrrohs.

We need to accent the steps and curbing.
Debemos remarcar los escalones y los cordones/las curvas.
deh-BEH-mohs reh-mahr-CAR lohs ehs-kah-LOH-nehs ee lohs kohr-DOH-nehs/lahs KOOR-vahs.

We need to outline the walkways.
Debemos bosquejar los caminos.
deh-BEH-mohs bohs-KEH-hahr lohs kah-ME-nohs.

We need to light the patio area.
Debemos iluminar el área del patio.
deh-BEH-mohs ee-loo-me-NAHR ehl AH-reh-ah dehl PAH-tee-oh.

We need to light the deck area.

Debemos iluminar el balcón.

deh-BEH-mohs ee-loo-me-NAHR ehl bahl-KOHN.

We need to light the flower beds.

Debemos iluminar los canteros/arriates.

deh-BEH-mohs ee-loo-me-NAHR lohs kahn-TEH-rohs/ah-rrree-AH-tehs.

We need to highlight the garden paths.

Debemos iluminar los senderos del jardín.

deh-BEH-mohs ee-loo-me-NAHR lohs sehn-DEH-rohs dehl hahr-DEAN.

We need to light the fish pond.

Debemos iluminar el estanque de los peces.

deh-BEH-mohs ee-loo-me-NAHR ehl ehs-TAHN-keh deh lohs PEH-sehs.

We need to light the swimming pool.

Debemos iluminar la piscina.

deh-BEH-mohs ee-loo-me-NAHR lah pee-SEE-nah.

We need to use type UF cable.

Debemos usar el cable de alta frecuencia.

deh-BEH-mohs oo-SAHR ehl KAH-bleh deh AHL-tah freh-KWEHN-see-ah.

We need to use a conduit to protect the cable.

Debemos utilizar un conducto para proteger el cable.

deh-BEH-mohs oo-tee-lee-SAHR oon kohn-DOOK-toh PAH-rah proh-TEH-hehr ehl KAH-bleh.

We need to put flags where the lights are to go.

Debemos colocar los banderines adónde irán las luces.

deh-BEH-mohs koh-loh-CAR lohs bahn-deh-REE-nehs ah-DOHN-deh ee-RAHN lahs LOO-sehs.

We need to measure the distance.

Debemos medir la distancia.

deh-BEH-mohs meh-DEE-R lah dees-TAHN-see-ah.

We need to get the down-lighting installed.

Debemos instalar las luces que apuntan hacia abajo.

deh-BEH-mohs eens-tah-LAHR lahs LOO-sehs keh ah-POON-tahn AH-see-ah ah-BAH-hoh.

We need to get the up-lighting installed.
Debemos instalar las luces que apuntan hacia arriba.
deh-BEH-mohs eens-tah-LAHR lahs LOO-sehs keh ah-POON-tahn AH-see-ah ah-RRREE-bah.

We need to get the cross-lighting installed.
Debemos instalar las luces de iluminación cruzada.
deh-BEH-mohs eens-tah-LAHR lahs LOO-sehs deh ee-loo-me-nah-seeON kroo-SAH-dah.

We need to get the accent lighting installed.
Debemos instalar las luces de ambientación.
deh-BEH-mohs eens-tah-LAHR lahs LOO-sehs deh ahm-be-ehn-tah-seeON.

We need to make a trench for the cable.
Debemos cavar una trinchera/zanja para el cable.
deh-BEH-mohs kah-VAHR OO-nah treen-CHEH-rah/SAHN-hah PAH-rah ehl KAH-bleh.

Where is the tape measure?
¿Adónde esta la cinta de medir?
ah-DOHN-deh ehs-TAH lah SEEN-tah deh meh-DEE-R?

Where are the wire cutters?
¿Adónde esta el corta cables?
ah-DOHN-deh ehs-TAH ehl KOHR-tah KAH-blehs?

Where is the screwdriver?
¿Adónde esta el destornillador?
ah-DOHN-deh ehs-TAH ehl dehs-tohr-knee-yah-DOOR?

Where is the hammer?
¿Adónde esta el martillo?
ah-DOHN-deh ehs-TAH ehl mahr-TEE-yoh?

Where is the fuse box?
¿Adónde esta la caja de fusibles?
ah-DOHN-deh ehs-TAH lah KAH-hah deh foo-SEE-blehs?

Phrases

Where is the conduit bender?
¿Adónde esta el dobla conducto/tubo?
ah-DOHN-deh ehs-TAH ehl DOH-blah kohn-DOOK-toh/TOO-boh?

Don't touch the shiny red button.
No toque el botón rojo brillante.
noh TOH-keh ehl boh-TOHN RRROH-hoh bree-YAHN-teh.

We need to test these lights.
Debemos probar estas luces.
deh-BEH-mohs proh-BAHR EHS-tahs LOO-sehs.

We need to switch on the lights.
Debemos encender las luces.
deh-BEH-mohs ehn-sehn-DEH-R lahs LOO-sehs.

We need to hook up the cables.
Debemos conectar los cables.
deh-BEH-mohs koh-NEHK-tahr lohs KAH-blehs.

We need more cable.
Necesitamos más cables.
neh-seh-see-TAH-mohs mahs KAH-blehs.

We need more wire.
Necesitamos más cables/alambres.
neh-seh-see-TAH-mohs mahs KAH-blehs/ah-LAHM-brehs.

We need to plant the lights in the ground.
Debemos instalar las luces bajo tierra.
deh-BEH-mohs eens-tah-LAHR lahs LOO-sehs BAH-hoh tee-EH-rrrah.

We need to splice this wire.
Debemos empalmar este cable.
deh-BEH-mohs ehm-pahl-MAHR EHS-teh KAH-bleh.

We need to get an inspection.
Debemos obtener una inspección.
deh-BEH-mohs ohb-teh-NEHR OO-nah eens-pek-seeON.

We need to put the debris in the dumpster.
Debemos colocar los escombros en el basurero.
deh-BEH-mohs koh-loh-CAR lohs ehs-KOHM-brohs ehn ehl bah-soo-REH-roh.

We need to clean up the job-site daily.
Debemos limpiar el área de trabajo a diario.
deh-BEH-mohs leem-pee-AHR ehl AH-ree-ah deh trah-BAH-hoh ah dee-AH-reeoh.

PLANTING / INSTALLATION
PLANTACIÓN / INSTALACIÓN
plahn-tah-seeON / eens-tah-lah-seeON

How long have you been landscaping & gardening?
¿Cuánto hace que trabaja en jardinería y paisajismo?
KWAHN-toh AH-seh keh trah-BAH-hah ehn har-de-neh-REE-ah ee paee-sah-HEES-moh?

I have been working with landscaping & gardening for _____ years.
Hace _____ años que trabajo en jardinería y paisajismo.
AH-seh _____ AH-neeohs keh trah-BAH-hoh ehn har-de-neh-REE-ah ee paee-sah-HEES-moh.

Do you have references?
¿Tiene referencias?
teeEH-neh reh-feh-REHN-seeahs?

Yes, I have references.
Sí, tengo referencias.
see, TEHN-goh reh-feh-REHN-seeahs.

No, I do not have references.
No, no tengo referencias.
noh, noh TEHN-goh reh-feh-REHN-seeahs.

Can you give me an estimate for this job?
¿Me puede dar un presupuesto por este trabajo?
meh pooh-EH-deh dahr oon preh-soo-pooEHS-toh pore EHS-teh trah-BAH-hoh?

When can you start this project?
¿Cuándo puede comenzar con este proyecto?
KWAHN-doh pooh-EH-deh koh-mehn-SAHR kohn EHS-teh proh-YEHK-toh?

I can start this job next week/in two weeks.
Puedo comenzar este trabajo la semana que viene/en dos semanas.
pooh-EH-doh koh-mehn-SAHR EHS-teh trah-BAH-hoh lah seh-MAH-nah keh vee-
EH-neh/ehn DOHS seh-MAH-nahs.

How long will it take you to complete this job?
¿Cuánto le tomará completar este trabajo?
KWAHN-toh leh toh-mah-RAH kohm-pleh-TAHR EHS-teh trah-BAH-hoh?

It will take a day/week to finish.
Tomará un día/una semana terminarlo.
toh-mah-RAH oon DEE-ah/OO-nah seh-MAH-nah tehr-me-NAHR-loh.

Do you have your own tools?
¿Tiene sus propias herramientas?
teeEH-neh soos PROH-peeahs eh-rrrah-meEHN-tahs?

We need to dig holes for the plants and add good soil conditioner.
Debemos cavar fosas para las plantas y agregar un buen acondicionador para el
suelo.
deh-BEH-mohs kah-VAHR FOH-sahs PAH-rah lahs PLAHN-tahs ee ah-greh-GAHR
oon bwehn ah-kohn-dee-see-oh-nah-DOOR PAH-rah ehl SWEH-loh.

We need to water these shrubs after we plant them.
Debemos regar estos arbustos después de plantarlos.
deh-BEH-mohs rrreh-GAHR EHS-tohs ahr-BOOS-tohs dehs-poo-EHS deh plahn-
TAHR-lohs.

We need to fertilize all the shrubs in this yard.
Debemos fertilizar todos los arbustos en este jardín.
deh-BEH-mohs fehr-tee-lee-SAHR TOH-dohs lohs ahr-BOOS-tohs ehn EHS-teh hahr-DEEN.

We need to sprinkle fertilizer around the base of the plants
Debemos rociar fertilizador alrededor de la base de las plantas.
deh-BEH-mohs rrroh-see-AHR fehr-tee-lee-sah-DOOR ahl-rrreh-deh-DOOR deh
lah BAH-seh deh lahs PLAHN-tahs.

We need to mulch after we pull the weeds.
Debemos cubrir con tierra negra/corteza de árbol después de jalar la maleza.
deh-BEH-mohs koo-BREER kohn tee-EH-rrrah NEH-grah/kohr-TEH-sah deh AHR-
bohl dehs-poo-EHS deh hah-LAHR lah mah-LEH-sah.

We need to sprinkle weed preventer down before we mulch.
Debemos rociar preventivo de maleza antes de colocar la tierra negra/corteza de árbol.
deh-BEH-mohs rrroh-see-AHR preh-vehn-TEE-voh deh mah-LEH-sah AHN-tehs
deh koh-loh-KAHR lah tee-EH-rrrah NEH-grah/kohr-TEH-sah deh AHR-bohl.

We need to trim shrubs and remove the clippings.
Debemos recortar los arbustos y remover los recortes.
deh-BEH-mohs rrreh-kohr-TAHR lohs ahr-BOOS-tohs ee rrreh-moh-VEHR lohs
rrreh-KOHR-tehs.

We need to plant these flowers.
Debemos plantar estas flores.
deh-BEH-mohs plahn-TAHR EHS-tahs FLOH-rehs.

We need to plant these flowers _____ inches apart.
Debemos plantar estas flores con _____ pulgadas de separación.
deh-BEH-mohs plahn-TAHR EHS-tahs FLOH-rehs kohn _____ pool-GAH-
dahs deh seh-pah-rah-seeON.

We need to plant this tree right here.
Debemos plantar este árbol justo aquí.
deh-BEH-mohs plahn-TAHR EHS-teh AHR-bohl HOOS-toh ah-KEY.

We need to plant these shrubs.
Debemos plantar estos arbustos.
deh-BEH-mohs plahn-TAHR EHS-tohs ahr-BOOS-tohs.

We need to plant this groundcover _____inches apart.
Debemos plantar esta cobertura de suelo con _____ pulgadas de separación.
deh-BEH-mohs plahn-TAHR EHS-tah koh-behr-TOO-rah deh SWEH-loh kohn
_____ pool-GAH-dahs deh seh-pah-rah-seeON.

We need to use the tiller to loosen up the soil before we begin to plant.
Debemos usar la escarbadora para aflojar la tierra antes de plantar.
deh-BEH-mohs oo-SAHR lah ehs-kahr-bah-DOH-rah PAH-rah ah-floh-HAHR lah
tee-EH-rrrah AHN-tehs deh plahn-TAHR

.
We need to use the tiller to help break up the clay.
Debemos usar la escarbadora para ayudar a romper la arcilla.
deh-BEH-mohs oo-SAHR lah ehs-kahr-bah-DOH-rah PAH-rah ah-YOO-dahr ah
rrrohm-PEHR lah ahr-SEE-yah.

We need to add peat moss to the bed.
Debemos agregar musgo de turba al cantero/arriate.
deh-BEH-mohs ah-greh-GAHR MOOS-goh deh TOOR-bah ahl kahn-TEH-roh/ah-rrree-AH-teh.

We need to plant the rose below the crown.
Debemos plantar la rosa debajo de la corona.
deh-BEH-mohs plahn-TAHR lah RRROH-sah deh-BAH-hoh deh lah koh-ROH-nah.

We need to dig the hole one half times larger than the plant's rootball.
Debemos cavar la fosa 1.5 veces más grande que el tama_o del bulto de la raíz.
deh-BEH-mohs kah-VAHR lah FOH-sah OO-nah POON-toh SEEn-koh VEH-sehs mahs GRAHN-deh keh ehl tah-MAH-knee-oh dehl BOOL-toh deh lah rrrah-EES.

We need to cut the string around the trunk of the tree after it is in the hole.
Debemos cortar el hilo alrededor del tronco del árbol, después de que esté en el hoyo/la fosa.
deh-BEH-mohs kohr-TAHR ehl EE-loh ahl-rrreh-deh-DOOR dehl TROHN-koh dehl AHR-ball, dehs-poo-EHS deh keh ehs-TEH ehn ehl OH-yoh/lah FOH-sah.

We need to loosen the burlap from the rootball after the tree is in the hole.
Debemos soltar la arpillera del bulto de la raíz después de que el árbol esté en el hoyo/la fosa.
deh-BEH-mohs sohl-TAHR lah ahr-pee-YEH-rah dehl BULL-toh deh lah rrrah-EES dehs-poo-EHS deh keh ehl AHR-bohl ehs-TEH ehn ehl OH-yoh/lah FOH-sah.

We need to water well with root stimulator after we plant.
Debemos regar bien con el estimulador de raíces después de plantar.
deh-BEH-mohs rrreh–GAHR kohn ehl ehs-tee-moo-lah-DOOR deh rrrah-EE-sehs dehs-poo-EHS deh plahn-TAHR.

We need to plant the oak tree here.
Debemos plantar el roble aquí.
deh-BEH-mohs plahn-TAHR ehl RRROH-bleh ah-KEY.

We need to plant the maple tree here.
Debemos plantar el arce aquí.
deh-BEH-mohs plahn-TAHR ehl AHR-seh ah-KEY.

We need to plant the magnolia tree here.
Debemos plantar la magnolia aquí.
deh-BEH-mohs plahn-TAHR lah mag-NOH-lee-ah ah-KEY.

We need to plant the poplar tree here.
Debemos plantar el álamo aquí.
deh-BEH-mohs plahn-TAHR ehl AH-lah-moh ah-KEY.

We need to plant the fruit tree here.
Debemos plantar el árbol de fruta aquí.
deh-BEH-mohs plahn-TAHR ehl AHR-bohl deh FROO-tah ah-KEY.

We need to plant the evergreen tree here.
Debemos plantar el árbol de hojas perennes aquí.
deh-BEH-mohs plahn-TAHR ehl AHR-bohl deh OH-hahs peh-REHN-nehs ah-KEY.

We need to plant the birch tree here.
Debemos plantar el abedul aquí.
deh-BEH-mohs plahn-TAHR ehl ah-beh-DOOL ah-KEY.

We need to plant the pine tree here.
Debemos plantar el pino aquí.
deh-BEH-mohs plahn-TAHR ehl PEE-noh ah-KEY.

We need to plant the dogwood tree here.
Debemos plantar el cornejo aquí.
deh-BEH-mohs plahn-TAHR ehl kohr-NEH-hoh ah-KEY.

We need to plant the boxwood here.
Debemos plantar el boxwood aquí.
deh-BEH-mohs plahn-TAHR ehl boxwood ah-KEY.

We need to plant the laurel here.
Debemos plantar el laurel aquí.
deh-BEH-mohs plahn-TAHR ehl lah-oo-REHL ah-KEY.

We need to plant the azalea here.
Debemos plantar la azalea aquí.
deh-BEH-mohs plahn-TAHR lah ah-sah-LEH-ah ah-KEY.

We need to plant the rhododendron here.
Debemos plantar el rododendro aquí.
deh-BEH-mohs plahn-TAHR ehl roh-doh-DEHN-droh ah-KEY.

We need to plant the fern here.
Debemos plantar el helecho aquí.
deh-BEH-mohs plahn-TAHR ehl eh-LEH-choh ah-KEY.

We need to plant flowers here.
Debemos plantar las flores aquí.
deh-BEH-mohs plahn-TAHR lahs FLOH-rehs ah-KEY.

We need to plant the shrubs here.
Debemos plantar los arbustos aquí.
deh-BEH-mohs plahn-TAHR lohs ahr-BOOS-tohs ah-KEY.

We need to plant the hosta here.
Debemos plantar la hermosa de día aquí.
deh-BEH-mohs lah ehr-MOH-sah deh DEE-ah ah-KEY.

We need to plant the roses here.
Debemos plantar las rosas aquí.
deh-BEH-mohs plahn-TAHR lahs RRROH-sahs ah-KEY.

We need to till the soil _____ inches deep and add compost before planting.
Debemos escarbar el suelo a _____ pies de profundidad y agregar abono antes de plantar.
deh-BEH-mohs ehs-kahr-BAHR ehl soo-EH-loh ah _____ pee-EHS deh proh-foon-dee-DAHD ee ah-greh-GAHR ah-BOH-noh AHN-tehs deh plahn-TAHR.

We need to add peat moss in the hole after we dig it.
Debemos agregar musgo de turba en la fosa/el hoyo después de cavar.
deh-BEH-mohs ah-greh-GAHR MOOS-goh deh TOOR-bah ehn lah FOH-sah/ehl OH-yoh dehs-poo-EHS deh KAH-vahr.

We need to water it with root stimulator after we plant the tree.
Debemos regar el árbol con estimulador para raíces luego de plantarlo.
deh-BEH-mohs RRREH-gahr ehl AHR-bohl kohn ehs-tee-moo-lah-DOOR PAH-rah rrrah-EE-sehs loo-EH-goh deh plahn-TAHR-loh.

We need to plant these flowers ___ inches apart.
Debemos plantar éstas flores con _____ pulgadas de separación.
deh-BEH-mohs plahn-TAHR EHS-tahs FLOH-rehs kohn _____ pool-GAH-dahs deh seh-pah-rah-seeON.

We need to plant these flowers ___ inches deep.
Debemos plantar éstas flores a_____ pies de profundidad
deh-BEH-mohs plahn-TAHR EHS-tahs FLOH-rehs ah _____ pee-EHS deh proh-foon-dee-DAHD.

We need to plant this groundcover _____ inches apart.
Debemos plantar éste cobertor de suelo con _____ pulgadas de separación
deh-BEH-mohs plahn-TAHR EHS-teh koh-behr-TOHR deh soo-EH-loh kohn _____ pool-GAH-dahs deh seh-pah-rah-seeON.

We need to plant this groundcover _____ inches deep.
Debemos plantar este cobertor de suelo a _____ pies de profundidad.
deh-BEH-mohs plahn-TAHR EHS-teh koh-behr-TOHR deh soo-EH-loh ah _____ pool-GAH-dahs deh proh-foon-dee-DAHD.

We need to be careful not to hit the Irrigation Line when digging.
Debemos ser cuidadosos de no golpear la tubería de irrigación cuando estamos cavando.
deh-BEH-mohs sehr kwee-dah-DOH-sohs deh noh gohl-peh-AHR lah too-beh-REE-ah deh ee-rrree-gah-seeON KWAHN-doh ehs-TAH-mohs kah-VAHN-doh.

We need to be careful not to hit the Gas Line when digging.
Debemos ser cuidadosos de no golpear la tubería de gas cuando estamos cavando.
deh-BEH-mohs sehr kwee-dah-DOH-sohs deh noh gohl-peh-AHR lah too-beh-REE-ah deh gahs KWAHN-doh ehs-TAH-mohs kah-VAHN-doh.

We need to be careful not to hit the Cable Line when digging.
Debemos ser cuidadosos de no golpear la tubería línea del cable de TV cuando estamos cavando.
deh-BEH-mohs sehr kwee-dah-DOH-sohs deh noh gohl-peh-AHR lah too-beh-REE-ah dehl KAH-bleh deh teh-VEH KWAHN-doh ehs-TAH-mohs kah-VAHN-doh.

We need to be careful not to hit the Security System when digging.
Debemos ser cuidadosos de no golpear el sistema de seguridad cuando estamos cavando.
deh-BEH-mohs sehr kwee-dah-DOH-sohs deh noh gohl-peh-AHR ehl sees-TEH-mah deh seh-goo-ree-DAHD KWAHN-doh ehs-TAH-mohs kah-VAHN-doh.

Phrases

We need to be careful not to hit the Invisible Pet Fence Line when digging.
Debemos ser cuidadosos de no golpear la conexión del cerco invisible para
mascotas cuando estamos cavando.
*deh-BEH-mohs sehr kwee-dah-DOH-sohs deh noh gohl-peh-AHR lah koh-nehx-
seeON dehl SEHR-koh een-vee-SEE-bleh PAH-rah mahs-KOH-tahs KWAHN-doh
ehs-TAH-mohs kah-VAHN-doh.*

We need to be careful not to hit the Water Line when digging.
Debemos ser cuidadosos de no golpear la tubería de agua cuando estamos cavando.
*deh-BEH-mohs sehr kwee-dah-DOH-sohs deh noh gohl-peh-AHR lah too-beh-
REE-ah deh AH-gwah KWAHN-doh ehs-TAH-mohs kah-VAHN-doh.*

We need to be careful not to hit the Phone Line when digging.
Debemos ser cuidadosos de no golpear el cableado de teléfono cuando
estamos cavando.
*deh-BEH-mohs sehr kwee-dah-DOH-sohs deh noh gohl-peh-AHR ehl kah-bleh-
AH-doh deh teh-LEH-foh-noh KWAHN-doh ehs-TAH-mohs kah-VAHN-doh.*

The Irrigation Line is marked here.
Aquí está señalada la línea de irrigación.
ah-KEY ehs-TAH seh-knee-ah-LAH-dah lah LEE-neh-ah deh ee-rrree-gah-seeON.

The Gas Line is marked here.
Aquí está señalada la línea de gas.
ah-KEY ehs-TAH seh-knee-ah-LAH-dah lah LEE-neh-ah deh gahs.

The Cable Line is marked here.
Aquí está señalada la línea del cable de TV.
ah-KEY ehs-TAH seh-knee-ah-LAH-dah lah LEE-neh-ah dehl KAH-bleh deh teh-VEH.

The Security System Line is marked here.
Aquí está señalada la línea del cable de sistema de seguridad.
*ah-KEY ehs-TAH seh-knee-ah-LAH-dah lah LEE-neh-ah dehl KAH-bleh sees-TEH-
mah deh seh-goo-ree-DAHD.*

The Invisible Pet Fence Line is marked here.
Aquí está señalada la línea del cerco invisible para mascotas.
*ah-KEY ehs-TAH seh-knee-ah-LAH-dah lah LEE-neh-ah dehl SEHR-koh een-vee-
SEE-bleh PAH-rah mahs-KOH-tahs.*

The Water Line is marked here.
Aquí está señalada la línea de agua.
ah-KEY ehs-TAH seh-knee-ah-LAH-dah lah LEE-neh-ah deh AH-gwah.

The Phone Line is marked here.
Aquí está señalada la línea del cableado de teléfono.
*ah-KEY ehs-TAH seh-knee-ah-LAH-dah lah LEE-neh-ah deh kah-bleh-AH-doh deh
teh-LEH-foh-noh.*

We need to add compost to the base of these plants.
Debemos agregar el abono en la base de estas plantas.
*deh-BEH-mohs ah-greh-GAHR ehl ah-BOH-noh ehn lah BAH-seh deh EHS-tahs
PLAHN-tahs.*

We need to add weed preventer in these beds after we have weeded.
Debemos agregar preventivo para malezas en estos canteros/arriates después de
haber desmalezado.
*deh-BEH-mohs ah-greh-GAHR preh-vehn-TEE-voh PAH-rah mah-LEH-sahs ehn
EHS-tohs kahn-TEH-rohs/ah-rrree-AH-tehs dehs-poo-EHS deh ah-BEHR dehs-mah-
leh-SAH-doh.*

We need to add mulch in this bed after we have applied weed preventer.
Debemos agregar tierra negra en este cantero/arriate después de haber aplicado
preventivo.
*deh-BEH-mohs ah-greh-GAHR tee-EH-rrrah NEH-grah ehn EHS-teh kahn-TEH-
roh/ah-rrree-AH-teh dehs-poo-EHS deh ah-BEHR ah-plee-KAH-doh preh-vehn-
TEE-voh.*

We need to add a little more weed preventer on top of new mulch.
Debemos aplicar un poco más de preventivo para maleza arriba de la nueva tierra
negra/corteza de árbol.
*deh-BEH-mohs ah-plee-KAHR oon POH-koh deh preh-vehn-TEE-voh PAH-rah
mah-LEH-sah ah-RRREE-vah deh lah noo-EH-vah tee-EH-rrrah NEH-grah/kohr-
TEH-sah deh AHRRR-bohl.*

We need an edge cut out along the bed line.
Necesitamos realizar un recorte preciso a lo largo del borde del cantero/arriate.
*neh-seh-see-TAH-mohs rrreh-ah-lee-SAHR oon rrreh-KOHR-teh ah loh LAHR-goh
dehl BOHR-deh dehl kahn-TEH-roh/ah-rrree-AH-teh.*

We need the edge to be _____ inches deep.
Necesitamos que el borde tenga _____ pies de profundidad.
*Neh-seh-see-TAH-mohs keh ehl BOHR-deh TEHN-gah _____ pee-EHS deh
proh-foon-dee-DAHD.*

We need to place flags in the ground where the flowers are to be planted.
Debemos colocar banderines en la tierra donde serán plantadas las flores.
*deh-BEH-mohs koh-loh-CAR bahn-deh-REE-nehs ehn lah tee-EH-rrrah DOHN-deh
seh-RAHN plahn-TAH-dahs lahs FLOH-rehs.*

We need to place flags in the ground where the trees are to be planted.
Debemos colocar banderines en la tierra donde serán plantados los árboles.
*deh-BEH-mohs koh-loh-CAR bahn-deh-REE-nehs ehn lah tee-EH-rrrah DOHN-deh
seh-RAHN plahn-TAH-dohs lohs AHRRR-boh-lehs.*

We need to place flags in the ground where the shrubs are to be planted.
Debemos colocar banderines en la tierra donde serán plantados los arbustos.
*deh-BEH-mohs koh-loh-CAR bahn-deh-REE-nehs ehn lah tee-EH-rrrah DOHN-deh
seh-RAHN plahn-TAH-dohs lohs ahr-BOOS-tohs.*

We need to place flags in the ground where the vines are to be planted.
Debemos colocar banderines en la tierra donde serán plantadas las vides.
*deh-BEH-mohs koh-loh-CAR bahn-deh-REE-nehs ehn lah tee-EH-rrrah DOHN-deh
seh-RAHN plahn-TAH-dahs lahs VEE-dehs.*

We need to dig these up and plant them over there.
Debemos desplantarlos/las y plantarlos/las allí.
deh-BEH-mohs dehs-plahn-TAHR-lohs/lahs ee plahn-TAHR-lohs/lahs ah-YEE.

We need to lay these plants on a tarp while we are digging the others.
Debemos colocar estas plantas sobre una lona/loneta mientras que desplantamos las otras.
*deh-BEH-mohs koh-loh-CAR EHS-tahs PLAHN-tahs SOH-breh OO-nah LOH-
nah/loh-NEH-tah mee-EHN-trahs keh dehs-plahn-TAH-mohs lahs OH-trahs.*

We need more plants.
Necesitamos más plantas.
neh-seh-see-TAH-mohs mahs PLAHN-tahs.

We need more mulch.
Necesitamos más tierra negra/corteza de árbol.
neh-seh-see-TAH-mohs mahs tee-EH-rrrah NEH-grah/kohr-TEH-sah deh-AHRRR-bohl.

We need more weed preventer.
Necesitamos más preventivo para malezas.
neh-seh-see-TAH-mohs mahs preh-vehn-TEE-voh PAH-rah mah-LEH-sahs.

We need more compost.
Necesitamos más abono.
neh-seh-see-TAH-mohs mahs ah-BOH-noh.

We need more fertilizer.
Necesitamos más fertilizante.
neh-seh-see-TAH-mohs mahs fehr-tee-lee-SAHN-teh.

We need more root stimulator.
Necesitamos más estimulador para raíces.
neh-seh-see-TAH-mohs mahs ehs-tee-moo-lah-DOHR PAH-rah rrrah-EE-sehs.

We need more weed preventer.
Necesitamos más preventivo para malezas.
neh-seh-see-TAH-mohs mahs preh-vehn-TEE-voh PAH-rah mah-LEH-sahs.

We need more groundcover.
Necesitamos más cobertura de suelo.
neh-seh-see-TAH-mohs mahs koh-behr-TOO-rah deh SWEH-loh.

We need more vines.
Necesitamos más enredaderas.
neh-seh-see-TAH-mohs mahs ehn-rrreh-dah-DEH-rahs.

We need more trees.
Necesitamos más árboles.
neh-seh-see-TAH-mohs mahs AHRRR-boh-lehs.

We need more flags.
Necesitamos más banderines.
neh-seh-see-TAH-mohs mahs bahn-deh-REE-nehs.

Where is the edger?
¿Adónde está el cortador/bordeador?
ah-DOHN-deh ehs-TAH ehl kohr-tah-DOOR/bohr-deh-ah-DOOR?

Where are the flowers?
¿Adónde están las flores?
ah-DOHN-deh ehs-TAHN lahs FLOH-rehs?

Where are the bulbs?
¿Adónde están los bulbos?
ah-DOHN-deh ehs-TAHN lohs BOOL-bohs?

Where is the shovel?
¿Adónde esta la pala?
ah-DOHN-deh ehs-TAH lah PAH-lah?

Where is the rake?
¿Adónde está el rastrillo?
ah-DOHN-deh ehs-TAH ehl rrrahs-TREE-yoh?

Where is the wheelbarrow?
¿Adónde está la carretilla?
ah-DOHN-deh ehs-TAH lah kah-rrreh-TEE-yah?

Where is the tree buggy/dolly?
¿Adónde está la bolsa atrapa insectos?
ah-DOHN-deh ehs-TAH lah BALL-sah ah-TRAH-pah een-SEHK-tohs?

Where is the tarp?
¿Adónde está la lona/loneta impermeabilizada?
ah-DOHN-deh ehs-TAH lah LOH-nah/loh-NEH-tah een-pehr-me-ah-bee-lee-SAH-dah?

Where are the flags?
¿Adónde están los banderines?
ah-DOHN-deh ehs-TAHN lohs bahn-deh-RRREE-nehs?

Where is the hose?
¿Adónde está la manguera?
ah-DOHN-deh ehs-TAH lah mahn-GUEH-rah?

We need to get an inspection.
Debemos obtener una inspección.
deh-BEH-mohs ohb-teh-NEHR OO-nah eens-pek-seeON.

We need to put the debris in the dumpster.
Debemos colocar los escombros en el basurero.
deh-BEH-mohs koh-loh-CAR lohs ehs-KOHM-brohs ehn ehl bah-soo-REH-roh.

We need to clean up the job-site daily.
Debemos limpiar el área de trabajo a diario.
deh-BEH-mohs leem-pee-AHR ehl AH-ree-ah deh trah-BAH-hoh ah dee-AH-reeoh.

MAINTENANCE
MANTENIMIENTO
mahn-teh-knee-me-EHN-toh

How long have you been doing landscape maintenance?
¿Cuánto hace que hace mantenimiento de jardines?
KWAHN-toh AH-seh keh AH-seh mahn-teh-knee-meeEN-toh deh hahr-DEE-nehs?

I have been working in landscape maintenance for _____ years.
Hace _____ años que trabajo en mantenimiento de jardines.
AH-seh _____ AH-neeohs keh trah-BAH-hoh ehn mahn-teh-knee-meeEN-toh deh hahr-DEE-nehs

Do you have references?
¿Tiene referencias?
teeEH-neh reh-feh-REHN-seeahs?

Yes, I have references.
Sí, tengo referencias.
see, TEHN-goh reh-feh-REHN-seeahs.

No, I do not have references.
No, no tengo referencias.
noh, noh TEHN-goh reh-feh-REHN-seeahs.

Can you give me an estimate for this job?
¿Me puede dar un presupuesto por este trabajo?
meh pooh-EH-deh dahr oon preh-soo-pooEHS-toh pore EHS-teh trah-BAH-hoh?

When can you start this project?
¿Cuándo puede comenzar con este proyecto?
KWAHN-doh pooh-EH-deh koh-mehn-SAHR kohn EHS-teh proh-YEHK-toh?

I can start this job next week/in two weeks.
Puedo comenzar este trabajo la semana que viene/en dos semanas.
pooh-EH-doh koh-mehn-SAHR EHS-teh trah-BAH-hoh lah seh-MAH-nah keh vee-EH-neh/ehn DOHS seh-MAH-nahs.

How long will it take you to complete this job?
¿Cuánto le tomará completar este trabajo?
KWAHN-toh leh toh-mah-RAH kohm-pleh-TAHR EHS-teh trah-BAH-hoh?

It will take a day/week to finish.
Tomará un día/una semana terminarlo.
toh-mah-RAH oon DEE-ah/OO-nah seh-MAH-nah tehr-me-NAHR-loh.

Do you have your own tools?
¿Tiene sus propias herramientas?
teeEH-neh soos PROH-peeahs eh-rrrah-meEHN-tahs?

We need to haul off the debris.
Debemos retirar los escombros.
deh-BEH-mohs rrreh-tee-RAHR lohs ehs-KOHM-brohs.

We need to go to the landfill to dump this.
Debemos ir al botadero/verterdero a arrojar esto.
deh-BEH-mohs eer ahl boh-tah-DEH-roh/vehr-teh-DEH-roh ah ah-rrroh-HAHR EHS-toh.

We need to trim the hedges.
Necesitamos recortar los setos/cercos.
neh-seh-see-TAH-mohs rrreh-kohr-TAHR lohs SEH-tohs/SEHR-kohs.

We need to use the pole loppers.
Debemos utilizar los machetes/las podadoras.
deh-BEH-mohs oo-tee-lee-SAHR lohs mah-cheh-TEHS/lahs poh-dah-DOH-rahs.

Do you know how to use pole loppers?
¿Sabe cómo utilizar machetes/podadoras?
SAH-beh KOH-moh oo-tee-lee-SAHR mah-CHEH-tehs/poh-dah-DOH-rahs?

We need to water the shrubs after we plant them.
Debemos regar los arbustos después de plantarlos.
deh-BEH-mohs rrreh-GAHR lohs ahr-BOOS-tohs dehs-poo-EHS deh plahn-TAHR-lohs.

Phrases

We need to fertilize all the shrubs in the yard.
Debemos fertilizar todos los arbustos en el jardín.
deh-BEH-mohs fehr-tee-lee-SAHR TOH-dohs lohs ahr-BOOS-tohs ehn ehl hahr-DEEN.

We need to sprinkle fertilizer around the base of the plants.
Debemos rociar fertilizante alrededor de la base de las plantas.
deh-BEH-mohs rrroh-see-AHR fehr-tee-lee-SAHN-teh ahl-rrreh-deh-DOOR deh lah BAH-seh deh lahs PLAHN-tahs.

We need to mulch after we have pulled the weeds.
Debemos colocar tierra negra/corteza de árbol después de sacar la maleza.
deh-BEH-mohs koh-loh-CAR tee-EH-rrrah NEH-grah/kohr-TEH-sah deh AHRRR-ball dehs-poo-EHS deh sah-CAR lah mah-LEH-sah.

We need to mulch about _____ inches deep.
Debemos colocar tierra negra/corteza de árbol a _____pies de profundidad.
deh-BEH-mohs koh-loh-CAR tee-EH-rrrah NEH-grah/kohr-TEH-sah deh AHRRR-ball ah _____ pee-EHS deh proh-foon-dee-DAHD.

We need to sprinkle weed preventer down before we mulch.
Debemos rociar preventivo para malezas antes de colocar tierra negra/corteza de árbol.
deh-BEH-mohs rrroh-see-AHR preh-vehn-TEE-voh PAH-rah mah-LEH-sahs AHN-tehs deh koh-loh-CAR tee-EH-rrrah NEH-grah/kohr-TEH-sah deh AHRRR-ball.

We need to lightly spray water on the plants to remove any weed preventer from their leaves.
Debemos rociar ligeramente las plantas para remover todo el preventivo de malezas de sus hojas.
deh-BEH-mohs rrroh-see-AHR lee-heh-rah-MEHN-teh lahs PLAHN-tahs PAH-rah rrreh-moh-VEHR TOH-doh ehl preh-vehn-TEE-voh deh mah-LEH-sahs deh soos OH-hahs.

We need to weed eat along this fence line.
Debemos retirar las malezas que están alrededor de la cerca.
deh-BEH-mohs rrreh-tee-RAHR lahs mah-LEH-sahs keh ehs-TAHN ahl-rrreh-deh-DOOR deh lah SEHR-kah.

We need to remove all clippings from the lawn.
Debemos remover todos los recortes del césped/grama/pasto/tepe/terrón
deh-BEH-mohs rrreh-moh-VEHR TOH-dohs lohs rrreh-KOHR-tehs dehl SEHS-pehd/GRAH-mah/PAHS-toh/TEH-peh/teh-RRROHN.

We need to bag all the debris and haul it off.
Debemos embolsar todos los escombros y acarrearlos fuera de aquí.
deh-BEH-mohs ehm-ball-SAHR TOH-dohs lohs ehs-KOHM-brohs ee ah-kah-rrreh-AHR-lohs foo-EH-rah deh ah-KEY.

We need to trim the shrubs and remove the clippings.
Debemos recortar los arbustos y remover los recortes.
deh-BEH-mohs rrreh-kohr-TAHR lohs ahr-BOOS-tohs ee rrreh-moh-VEHR lohs rrreh-KOHR-tehs.

We need to spray the plants for insects.
Debemos vaporizar las plantas para protegerlas de los insectos.
deh-BEH-mohs vah-poh-ree-SAHR lahs PLAHN-tahs PAH-rah proh-teh-HEHR-lahs deh los een-SEHK-tohs.

We need to clean sprayer when finished.
Debemos limpiar el vaporizador cuando finalicemos.
deh-BEH-mohs leem-pee-AHR ehl vah-poh-ree-SAH-door KWAHN-doh fee-nah-lee-SEH-mohs.

We need to spray the plants for fungus.
Debemos vaporizar las plantas para protegerlas de los hongos.
deh-BEH-mohs vah-poh-ree-SAHR lahs PLAHN-tahs PAH-rah proh-teh-HEHR-lahs deh los UHN-gohs.

We need to clean sprayer when finished.
Debemos limpiar con el vaporizador cuando finalicemos.
deh-BEH-mohs leem-pee-AHR kohn ehl vah-poh-ree-sah-DOOR KWAHN-doh fee-nah-lee-SEH-mohs.

We need to roll up the garden hose when finished.
Debemos enrollar la manguera cuando finalicemos.
deh-BEH-mohs ehn-rrroh-YAHR lah mahn-GEH-rah KWAHN-doh fee-nah-lee-SEH-mohs.

We need to sweep all the mulch off the sidewalks.
Debemos barrer toda la tierra negra/corteza de árbol de las veredas.
deh-BEH-mohs bah-RRREHR TOH-dah lah tee-EH-rrrah NEH-grah/kohr-TEH-sah deh AHRRR-ball deh lahs veh-REH-dahs.

We need to pull the weeds in this bed.
Debemos retirar la maleza de este cantero/arriate.
deh-BEH-mohs rrreh-tee-RAHR lah mah-LEH-sah deh EHS-teh kahn-TEH-roh/ah-rrree-AH-teh.

Do you know what is a weed and what is a flower?
¿Sabe Ud. cuál es maleza y cuál es una flor?
SAH-beh oos-TEHD kwahl ehs mah-LEH-sah ee kwahl ehs OO-nah floor?

We need to remove all dead blooms from these plants.
Debemos remover todas las plantas en flor muertas de estas plantas.
deh-BEH-mohs rrreh-moh-VEHR TOH-dahs lahs PLAHN-tahs ehn floor moo-EHR-tahs deh EHS-tahs PLAHN-tahs.

We need to remove all yellow leaves from these plants.
Debemos remover todas las hojas amarillas de estas plantas.
deh-BEH-mohs rrreh-moh-VEHR TOH-dahs lahs UH-hahs ah-mah-RRREE-yahs deh EHS-tahs PLAHN-tahs.

We need to spray weed killer on this driveway.
Debemos vaporizar con matamalezas esta entrada de carros.
deh-BEH-mohs vah-poh-ree-SAHR kohn mah-tah-mah-LEH-sahs EHS-tah ehn-TRAH-dah deh KAH-rrrohs.

We need to spray weed killer along this walkway.
Debemos vaporizar con matamalezas a lo largo de este camino.
deh-BEH-mohs vah-poh-ree-SAHR kohn mah-tah-mah-LEH-sahs ah loh LAHR-goh deh EHS-teh kah-MEE-noh.

We need to dig these plants up and plant them over there.
Debemos desplantar estas plantas y replantarlas allí.
deh-BEH-mohs dehs-plahn-TAHR EHS-tahs PLAHN-tahs y rrreh-plahn-TAHR-lahs ah-YEE.

We need to be careful not to spray weed killer on the trees and shrubs.
Debemos ser cuidadosos de no vaporizar matamalezas sobre los árboles y arbustos.
deh-BEH-mohs sehr kwee-dah-DOH-sohs deh noh vah-poh-ree-SAHR mah-tah-mah-LEH-sahs SOH-breh lohs AHRRR-boh-lehs ee ahr-BOOS-tohs.

Phrases

We need to be careful not to spray weed killer on these flowers.
Debemos ser cuidadosos de no vaporizar matamalezas en estas flores.
deh-BEH-mohs sehr kwee-dah-DOH-sohs deh noh vah-poh-ree-SAHR mah-tah-mah-LEH-sahs ehn EHS-tahs FLOH-rehs.

We need to be careful not to spray weed killer near the lily pond.
Debemos ser cuidadosos de no vaporizar matamalezas cerca del estanque de lirios.
deh-BEH-mohs sehr kwee-dah-DOH-sohs deh noh vah-poh-ree-SAHR mah-tah-mah-LEH-sahs SEHR-kah dehl ehs-TAHN-keh deh LEE-ree-ohs.

We need to be careful not to spray weed killer when it is windy.
Debemos ser cuidadosos de no vaporizar matamalezas cuando está ventoso.
deh-BEH-mohs sehr kwee-dah-DOH-sohs deh noh vah-poh-ree-SAHR mah-tah-mah-LEH-sahs KWAHN-doh ehs-TAH vehn-TOH-soh.

We need more fertilizer.
Necesitamos más fertilizante.
neh-seh-see-TAH-mohs mahs fehr-tee-lee-SAHN-teh.

We need more mulch.
Necesitamos más tierra negra/corteza de árbol.
neh-seh-see-TAH-mohs mahs tee-EH-rrrah NEH-grah/kohr-TEH-sah deh AHRRR-ball.

We need more bags.
Necesitamos más bolsas.
neh-seh-see-TAH-mohs mahs BALL-sahs.

We need more gas/oil mix.
Necesitamos más mezcla de combustible/aceite.
neh-seh-see-TAH-mohs mahs MEHS-klah deh kohm-boos-TEE-bleh.

We need more weed trimmer string.
Necesitamos más cuerda del cortador de hierba.
neh-seh-see-TAH-mohs mahs KWEHR-dah dehl kohr-tah-DOOR deh ee-EHR-bah.

We need more garden hose.
Necesitamos más mangueras.
neh-seh-see-TAH-mohs mahs mahn-GEH-rahs.

Where is the hose?
¿Adónde está la manguera?
ah-DOHN-deh ehs-TAH lah mahn-GEH-rah?

Where is the fertilizer?
¿Adónde está el fertilizante?
ah-DOHN-deh ehs-TAH ehl fehr-tee-lee-SAHN-teh?

Where is the rake?
¿Adónde está el rastrillo?
ah-DOHN-deh ehs-TAH ehl rrrahs-TREE-yoh?

Where is the weed trimmer?
¿Adónde está el cortador de hierba?
ah-DOHN-deh ehs-TAH ehl kohr-tah-DOOR deh ee-EHR-bah ?

Where is the weed trimmer string?
¿Adónde está la cuerda del cortador de hierba?
ah-DOHN-deh ehs-TAH lah KWEHR-dah dehl kohr-tah-DOOR deh ee-EHR-bah?

Where are the pole loppers?
¿Adónde están los machetes/las podadoras?
ah-DOHN-deh ehs-TAHN lohs mah-CHEH-tehs/lahs poh-dah-DOH-rahs?

Where is the broom?
¿Adónde está la escoba?
ah-DOHN-deh ehs-TAH lah ehs-KOH-bah?

We need to put the debris in the compost bin.
Debemos colocar los escombros en el recipiente para abono.
deh-BEH-mohs koh-loh-CAR lohs ehs-KOHM-brohs ehn ehl reh-see-peeEHN-teh PA-rah ah-BOH-noh.

We need to clean up the job-site daily.
Debemos limpiar el área de trabajo a diario.
deh-BEH-mohs leem-pee-AHR ehl AH-ree-ah deh trah-BAH-hoh ah dee-AH-reeoh.

Índice

Vocab.

Colores

Días, Meses, Números

Frases

Notas

Diagrama

Consultoría, traducción, edición y revisión por Hispanic Link Consulting.
Consultoria por Lark Fostor

Para mayor información,
por favor contacte a:
info@thelingoguide.com
www.thelingoguide.com
— or —
Hellbender Marketing
615.726.0727

Published by:
The Lingo Guide, LLC
Nashville, TN

Printed by:
PR Omni Digital

Dedicado a:
David, Caleb y Silas con amor.

El propósito de "The Lingo Guide para Jardineros" es el de servir exclusivamente como una herramienta para facilitar la comunicación entre gente de habla inglesa y gente de habla española. La finalidad de esta guía no es para que sea utilizada en ningún tipo de comunicado legal. El editor, publicador y el autor no se responsabilizan por los errores, omisiones o daños que pudiere causar el uso de la información contenida en "The Lingo Guide para Jardineros".

Vocabulario-Índice

NOMBRES DE PLANTAS
PLANT NAMES
plánt néims

PLANTAS ANUALES
ANNUALS
ánuals

aciano	cornflsower	*kórnflawer*
alas de ángel	caladium	*caládium*
aliso de mar	sweet alyssum	*suít alísum*
allium	allium	*álium*
amapola, adormidera	poppy	*pópi*
amapola, amapola de campo	cosmos	*cósmos*
azafrán de primavera	crocus	*crókus*
begonia	begonia	*begónia*
botoncillo	annual aster	*ánual áster*
bromelia	browellia	*brouélia*

BULBOS
BULBS
bálbs

caléndula	calendula	*caléndula*
caléndula, maravilla	marigold	*mérigold*
campanilla	canterberry bell	*canterbéri bél*
campanilla de invierno	snowdrop	*snóudrop*
cáñamo	canna	*cána*
cineraria, doncella del mar	dusty millar	*dásty mílar*
cola de alondra	larkspur	*lárksper*
cóleo	coleus	*cólius*
copo de nieve	snowflake	*snóufleik*
crisantemo oloroso	scavola	*scávola*
dalia	dahlia	*dália*
dicasia	dicasia	*diquéisha*
dragón, boca de dragón	snapdragon	*sssnápdragon*
eranthis	eranthis	*erántis*
estrella de Texas	star of Texas	*ssstár ov Téxas*
flor araña	cleome	*cléom*
flor araña	spider flower	*spáider fláuer*
fresia	freesia	*frísha*
gallito	zinnia	*sínia*

geranio	geranium	*geránium*
girasol	sunflower	*sánflauer*
gladiolo	gladiolus	*gladiólus*
hierba de gorrito	angelonia	*angelónia*
impaciente	impatient	*impéishant*
iris	iris	*áiris*
jacinto	hyacinth	*jáiasint*
liliácea, azucena, lirio blanco	lily	*líli*
margarita	daisy	*déisi*
margarita	gerber daisy	*guérber déisi*
minutisa	sweet william	*suít wíliam*
narciso	daffodil	*dáfodil*
nomeolvides	forget-me-not	*forguét-mí-nót*
pensamiento, mariquita	pansy	*pánsi*
petunia	petunia	*petúnia*
primavera tardía	evening primrose	*ívning prímrouse*
salvia	salvia	*sálvia*
salvia escarlata	scarlet sage	*ssscárlet séich*
scilla	scilla	*sssíla*
tabaco indio	lobelia	*lobélia*
torenia	torenia	*touréinia*
tulipán	tulip	*túlip*
verbena	verbena	*verbéna*
viola	viola	*vióla*

ÁRBOLES DE HOJAS PERENNES
EVERGREENS
évergrins

abeto blanco	white fir	*wáit fér*
abeto de Douglas	douglas fir	*dúglas fér*
árbol de la vida	arborvitae	*arborvítae*
cedro del atlas	atlas cedar	*átlas sédar*
cedro pino de Austria	Austrian pine cedar	*óstrian páin sédar*
cedro rojo de oriente	Eastern red cedar	*ístern réd sédar*
cicuta	hemlock	*jémlok*
ciprés	cypress	*sáipres*
enebro	juniper	*chúniper*
enebro bonsai	bonsai juniper	*bonsái chúniper*
enebro cohete del cielo	sky rocket juniper	*ssskái róket chúniper*

Vocab.

enebro de las montañas rocallosas	Rocky Mountain juniper	*róki máuntein chúniper*
enebro espiral	spiral juniper	*ssspáiral chúniper*
enebro extendido	spreading juniper	*sssprédin chúniper*
magnolia	magnolia	*magnólia*
picea azul de Colorado	Colorado blue spruce	*colorádo blú sssprús*
picea de Alberta	Alberta spruce	*albérta sssprús*
picea de las colinas negras	black hills spruce	*blák jíls sssprús*
picea de Noruega	Norway spruce	*nórwei sssprús*
picea, falso abeto	spruce	*sssprús*
pino	pine	*páin*
pino blanco	white pine	*uáit páin*
pino de la Ponderosa	Ponderosa pine	*ponderósa páin*
pino de mugo	mugo pine	*múgo páin*
pino escocés	scotch pine	*ssscóch páin*
tejo de hicks	hicks yew	*jíks iú*
tejo denso	dense yew	*déns iú*
tejo extendido	spreading yew	*sssspréding iú*

FRUTAS
FRUITS
frúts

aguacate	avocado	*avocádo*
albaricoque, chabacano	apricot	*éipricot*
arándano	cranberry	*cránbeuri*
cereza	cherry	*chéuri*
ciruela	plum	*plám*
durazno, melocotón	peach	*pích*
frambuesa	raspberry	*ráspbeuri*
fresa, frutilla	strawberry	*ssstróubeuri*
granada	pomegranate	*pómgranet*
grosella espinosa, uva espina	gooseberry	*gúsbeuri*
kiwi	kiwi	*kíwi*
lechoza, papaya	papaya	*papáya*
mandarina, tangerina	tangerine	*táncherin*
mango	mango	*mángo*
manzana	apple	*ápl*
melón	melon	*mélon*
melón cantaloupe	cantaloupe	*cantalúp*

mora	blackberry	*blákbeuri*
mora	mulberry	*málbeuri*
mora híbrida, boysenberry	boysenberry	*boisenbéuri*
naranja	orange	*óranch*
pasas de uva	currants	*káurants*
pera	pear	*péar*
piña, ananás	pineapple	*páinapl*
plátano, banana	banana	*banána*
sandía, patilla	watermelon	*wódermelon*
toronja, pomelo	grapefruit	*gréipfrut*
uvas	grapes	*gréips*
zarzamora	dewberry	*diúbeuri*

COBERTURA DEL SUELO
GROUND COVER
gráund cáver

aurea	creeping Jenny	*críping chéni*
bonetero	euonymus	*iuónimus*
clavel	dianthus	*daiándus*
enebro trepador	creeping juniper	*críping chúniper*
escrofularia	mazus	*másus*
flox trepador	creeping phlox	*críping flóx*
hiedra	ivy	*áivi*
higo enredadera, higo trepador	creeping fig	*críping fíg*
iva	ajuga	*achúga*
lamium, chupamieles	lamium	*léimium*
lantana, alfombrilla	lantana	*lantána*
lirope	lirope	*láiroup*
nieve sobre la montaña	snow on the mountain	*snóu on de máuntein*
paquisandra	pachysandra	*pakisándra*
penacho de bombón	candytuft	*cánditaft*
pervinca	vinca periwinkle	*vínca periuínkl*
petunia ondulada	wave petunia	*wéiv petúnia*
plombagina	plumbago	*plambágo*
siemprevivo	licorice plant	*licorís plánt*
verbena	verbena	*verbéna*

HIERBAS
HERBS
jérbs

ajedrea	savory	*séivori*
albahaca	basil	*béisl*
alcaravea, carvi	caraway	*carawéi*
cardamomo	cardamon	*cárdamon*
cebollinos, cabolletas	chives	*cháivs*
cilantro, culantro	cilantro	*silántro*
coriandro	coriander	*córiander*
eneldo	hill	*jíl*
estragón	tarragon	*tárragon*
hinojo	fennel	*fénel*
hoja de laurel	bay laurel	*béi lórel*
mejorana dulce	sweet marjoram	*suít márchoram*
menta	mint	*mínt*
orégano	oregano	*orégano*
perejil	parsley	*pársli*
perifollo	chervil	*shérvil*
romero	rosemary	*róusmeri*
salvia	sage	*séich*
tomillo	thyme	*táim*

CÉSPED/GRAMA/PASTO/TEPE/TERRÓN
LAWNS
lóns

agrostis	bentgrass	*béntgras*
pasto de Bermudas	Bermuda grass	*bermiúda grás*
grama japonesa, grama	carpet grass	*cárpet grás*
ciempiés	centipede	*sentipéd*
castañuela híbrida	hybrid fescue	*jáibrid féskiu*
pasto azul de Kentucky	Kentucky bluegrass	*kentáki blúgras*
pasto rojo, castañuela roja	red fescue	*réd féskiu*
pasto de centeno	ryegrass	*ráigras*
San Agustín	Saint Augustine	séint ógustin
cañuela alta	tall fescue	*tól féskiu*
zoysia	zoysia	*sóisia*

PASTOS ORNAMENTALES, DECORATIVOS
ORNAMENTAL GRASSES
ornaméntal gráses

eulalia	miscanthus	*miskándus*
pasto de avena azul	blue oat grass	*blú óut grás*
pasto de cebra	zebra grass	*síbra grás*
pasto de doncella	maiden grass	*méidn grás*
pasto de fuente	fountain grass	*fáuntein grás*
pasto de las pampas	pampas grass	*pámpas grás*
pasto de mono	monkey grass	*mónki grás*
pasto de sangre japonés	Japanese blood grass	*chapanís blád grás*
pasto negro	mondo grass	*móndo grás*

PLANTAS PERENNES
PERENNIALS
perénials

aguileña	columbine	*cólumbain*
aliento de bebé	baby's breath	*béibis bréd*
aquilea, milenrama	yarrow	*iárrou*
árnica falsa	golden aster	*gólden áster*
bálsamo de abejas	beebalm	*bíbalm*
cayena, hibisco	hibiscus	*ibískos*
cosecha de piedra	stone crop	*stóun cróp*
crisantemo	mums	*máms*
crisantemos	chrysanthemums	*crisantémus*
dedalera, digital	foxglove	*fóxglav*
diente de león	aster	*áster*
escabiosa	scabiosa	*ssscabiósa*
escalera de Jacob	Jacob's ladder	*chíkobs láder*
flor cónica	coneflower	*kóunflauer*
flor de espuma	foam flower	*fóum fláuer*
gotas de sol	sundrops	*sssándrops*
helecho	fern	*férn*
hermosa de día	hosta	*jósta*
iris barbado	bearded iris	*bíardid áiris*
iris de Lousiana	Louisiana iris	*luisiána áiris*
iris japonés	Japanese iris	*chapanís áiris*
iris siberiano	Siberian iris	*saibírian áiris*
lengua de barba	beard tongue	*bíard táng*
lirio de la mañana	daylily	*déilili*

Vocab.

magnolia	sedum	*sédum*
maleza de la mariposa	butterfly weed	*báterflai wíd*
margarita	daisy	*déisi*
pata de potro	coltsfoot	*cóltsfut*
peonía	peony	*peóuni*
rudbeckia	black eyed Susan	*blák áid súsan*
verbena	verbena	*verbéna*
Verónica	speedwell	*spíduel*
violeta	delphinium	*delfínium*
violeta	violet	*váiolet*

ROSAS/ROSALES
ROSES
róuses

árbol	tree	*trí*
cobertura del suelo	ground cover	*gráund cáver*
floribunda	floribunda	*floribánda*
grandiflora	grandiflora	*grandiflóra*
híbrida perpetua	hybrid perpetual	*jáibrid perpétual*
jardín viejo/antiguo	old garden	*óuld gárden*
miniatura	miniature	*míniatur*
pilar	pillar	*pílar*
rosa trepadora	rambler	*rámbler*
te híbrido	hybrid tea	*jáibrid tí*
plantas trepadoras	climbing plants	*cláimbin plánts*

ARBUSTOS
SHRUBS
shrábs

abelia	abelia	*abília*
acebo	holly	*jóli*
acuba, laurel manchado	acuba	*akiúba*
algerita	barberry	*bárbeuri*
altea	althea	*áldea*
andrómeda	andromeda	*andrómeda*
azalea	azalea	*aséilia*
bambú sagrado	nandina	*nandína*
bosque de mariposas	butterfly bush	*báterflai bósh*
camelia	camellia	*camília*
cayena, hibisco	hibiscus	*ibíscus*
cedro japonés	Japenese cedar	*chapanís sédar*

espírea	spirea	sssspíria
evónimo alado	winged euonymus	uíngd iuónimus
forsitia	forsythia	forsítia
hamamelis	witchhazel	uíchjeisl
hortensia	hydrangea	jaidránchea
jazmín	jasmine	chásmin
lantana, barbadejo	viburnum	vibúrnom
laurel	laurel	lórel
ligustro, alhena	privet	prívet
lila	lilac	láilac
boxwood	boxwood	bóxwood
mirto encrespado	crape myrtle	créip mértl
plombagina	plumbago	plámbago
rododendro	rhododendron	rododéndron
yuca	yucca	iúca

ÁRBOLES
TREES
trís

abedul	birch	bérch
alamo, tamblón	aspen	áspen
álamo, tulipán	poplar, tulip	póplar, tiúlip
algarrobo	locust	lóucast
algarrobo melero	honey locust	jóni lóucast
almez occidental	hackberry	jákbeuri
arce de azúcar	sugar maple	chúgar méipl
arce japonés	Japanese maple	chapanís méipl
arce rojo	red maple	réd méipl
campanilla de Carolina	Carolina silverbell	caroláina sílverbol
castaño	chestnut	chéstnat
ceniza verde	green ash	grín ásh
cerezo	cherry	chérri
ciruela, ciruelo	plum	plám
cornejo	dogwood	dógud
espino	hawthorn	jódorn
espino de Washington	Washington hawthorn	uáshington jódorn
gomero dulce	sweet gum	suít gám
haya	beech	bích
magnolia	magnolia	magnólia
magnolia estrellada	star magnolia	ssstár magnólia

magnolia tulipán	tulip magnolia	*túlip magnólia*
manzano	apple tree	*ápl trí*
manzano silvestre	crabapple tree	*crabápl trí*
melocotonero, duraznero	peach tree	*pích trí*
níspero del Japón	persimmon	*pérsimon*
nogal	walnut	*wólnat*
nogal americano	hickory	*jíkori*
nogal negro	black walnut	*blák wólnat*
ojo de gamo	buckeye	*bákai*
olmo americano	American elm	*américan élm*
pacana, nogal morado	pecan	*pícan*
peral	pear	*péar*
peral de Bradford	Bradford pear	*brádford péar*
pino gigante de California	dawn redwood	*dón rédud*
roble	oak	*óuk*
roble inglés	English oak	*ínglish óuk*
roble perno	pin oak	*pén óuk*
sauce	willow	*uílou*
sauce llorón	weeping willow	*wípin uílou*
sauce sacacorchos	corkscrew willow	*córkskru uílou*
sicomoro	sycamore	*síkamor*
tilo	linden	*línden*
yema roja	redbud	*rédbad*

VEGETALES
VEGETABLES
véchtabls

aguacate, palta	avocado	*avocádo*
arveja, alverja	peas	*pís*
berengena	eggplant	*égplant*
brócoli	broccoli	*brócoli*
calabacín	zucchini	*sukíni*
calabaza	pumpkin	*pámpkin*
cebolla	onion	*ánion*
célery, apio, apio de España	celery	*séleri*
col rizada, repollo rizado	kale	*kéil*
col, repollo	cabbage	*cábich*
coliflor	califlower	*coliflául*
endivia	endive	*endív*
espárrago	asparagus	*aspáraugus*

espinaca	spinach	*ssspínach*
frijol	bean	*bín*
guingambo, calalu	okra	*ókra*
jalapeño	jalapeño	*jalapeño*
lechuga	lettuce	*létas*
maíz, choclo	corn	*kórn*
nabo	turnip	*térnip*
papa	potato	*potéitou*
pepino	cucumber	*kiukámber*
pimiento campana	bell pepper	*bél péper*
pimiento, pimienta	pepper	*péper*
rábano, rabanito	radish	*ruádish*
remolacha	beet	*bít*
repollito de Bruselas	Brussels sprout	*brásels ssspráut*
ruibarbo	rhubarb	*rúbarb*
tomate	tomato	*tomátou*
zanahoria	carrot	*károut*
zapallito, calabacita	squash	*ssskuásh*

ENREDADERAS
VINES
váins

arvejilla, guisante	sweet pea	*suít pí*
bouganvilla	bougainvillea	*buganvílea*
broche wisteria	histeria	*jistéria*
clemátide, clemátida	clematis	*clemátis*
enredadera ciprés	cypress vine	*sáipres váin*
enredadera de Boston	Boston ivy	*bóston áivi*
enredadera inglesa	English ivy	*ínglish áivi*
frijol jacinto	hyacinth bean	*jáiasind bín*
gloria matinal	morning glory	*mórning glóri*
hiedra trompeta	trumpet vine	*trámpet váin*
hiedra venenosa	poison ivy	*póison áivi*
hortensia trepadora	climbing hydrangea	*kláimbin haidránjea*
jazmín de Carolina	Carolina jasmine	*caroláina chásmin*
jazmín estrellado	star jasmine	*ssstár chásmin*
madreselva	honeysuckle	*jánisakl*
mandevilla	mandevilla	*mandevíla*
paragüita de novia	moonvine	*múnvain*
pasionaria	passion flower	*páshon fláuer*

PLANTAS ACUÁTICAS
WATER & BOG PLANTS
wóter ánd bóg plánts

cabeza de flecha	arrowhead	*ároujed*
espadaña	cattails	*katális*
helecho del mosquito	mosquito fern	*moskíto férn*
iris de agua	water iris	*wóter áiris*
jacinto de agua, jacinto acuático	water hyacinth	*wóter jáiasind*
lechuga de agua	water lettuce	*wóter létus*
lirio de agua, nenúfar	water lily	*wóter líli*
loto	lotus	*lótus*
maleza de patos	duckweed	*dákwid*
pontederia	pickerel rush	*pikerél rásh*

VOCABULARIO ACERCA DE PLANTAS
PLANT TERMS
plánt térms

árbol	tree	*trí*
arbusto, mata	shrub	*shráb*
brote, retoño, renuevo	shoot	*shút*
césped, pasto, grama, tepe	turf	*térf*
terrón	lawn	*lón*
coberturas del suelo	ground covers	*gráundcavers*
especies enanas	dwarf species	*duárf ssspíchs*
especies flotantes	floating species	*flóuting ssspíchs*
especies submergentes	submergent species	*sabmérchant ssspíchs*
flor	flower	*fláuer*
flor silvestre	wildflower	*wáildflauer*
hierba	herb	*jérb*
hierbajo	weed	*wíd*
hoja	leaf	*líf*
limbo (parte de la hoja)	limb	*límb*
lirio de agua, nenúfar	water lily	*wóter líli*
nativo, nativa	native	*néitiv*
parra, vid	vine	*váin*
pimpollo, brote	bud	*bád*
planta anual	annual	*ánual*

planta de semillero, almácigo	seedling	*sídling*
planta en flor, floreada	bloom	*blúm*
planta perenne	perennial	*perénial*
raíz	root	*rút*
rama	branch	*bránch*
rosa	rose	*róus*
tallo	stem	*stém*
verdura, vegetal	vegetable	*véchtebl*

Vocab.

VOCABULARIO ACERCA DE JARDINERÍA
GARDEN TERMS
gárden térms

abono orgánico, compost	compost	*cómpost*
ácido	acid	*ácid*
alcalino	alkaline	*alkaláin*
aletargado, durmiente	dormant	*dórmant*
algas	algae	*álgi*
anhídrido carbónico, bióxido/dióxido de carbono	carbon dioxide	*cárbon daióxaid*
borde	edge	*éch*
cabeza hueca	deadhead	*dédjed*
cambiar de maceta	repot	*repót*
camellón	berm	*bérm*
caña	cane	*kéin*
cascada	cascade	*kaskéid*
cascada	waterfall	*wóterfol*
césped	sod	*sód*
conífera	conifer	*cónifer*
corona	crown	*kráun*
corte	cut	*cát*
cultivar	cultivate	*káltiveit*
desyerbar, cortar la maleza	weeding	*wíding*
ecosistema	ecosystem	*écosistem*
en dirección a la raíz	root bound	*rút báund*
fuente	fountain	*fáuntein*
fuerte, resistente	hardy	*járdi*
herbicida	herbicide	*jérbisaid*
híbrido	hybrid	*jáibrid*
humus, mantillo	humus	*jámus*
inorgánico	inorganic	*inorgánic*

insecticida	insecticide	*inséctisaid*
invasivo	invasive	*invéisiv*
invernadero	greenhouse	*grínhaus*
jardín de roca	rock garden	*rók gárden*
paisajista, espalier	espalier	*espaliér*
marchitarse, marchito	wilt	*wílt*
nódulo	nod	*nód*
orgánico	organic	*orgánic*
oxigenadores	oxygenators	*oxychenéitors*
pesticida	pesticide	*péstisaid*
plantación acompañada	companion planting	*compánion plánting*
recortar	trim	*trím*
roca	rock	*rók*
sequía	drought	*dráut*
sistémico	systemic	*sistémic*
suelo, tierra	soil	*sóil*
sujetador, gancho	clip	*clíp*
transplantar	transplant	*tránsplant*

NOMBRES DE PIEDRAS/ROCAS
STONE NAMES
stóun néims

arena	sand	*sánd*
arenisca	sandstone	*sándstoun*
conjunto delgado	thin set	*dín sét*
cuarcita	quartzite	*kuársit*
granito	granite	*gránait*
grava	gravel	*grável*
guijarros	cobbles	*kóbls*
guijo, guijarro, granzón, granza	pebbles	*pébls*
ladrillo	brick	*brík*
ladrillo recuperado	salvaged brick	*sálvech brík*
ladrillo viejo	old brick	*óuld brík*
losa de piedra, lápida	flagstone	*flágstoun*
mármol	marble	*márbl*
mármol travertino	travertine	*trávertin*
piedra	stone	*stóun*
piedra azul	bluestone	*blústoun*

Vocab.

piedra caliza	limestone	*láimstoun*
piedra caliza con corte arquitectónico	architectural-cut limestone	*arkitéctural cat láimstoun*
piedra de desecho	cast stone	*cást stóun*
piedra de jabón/talco, talco natural	soapstone	*sóupstoun*
piedra de lava	lava rock	*láva rók*
piedra natural, roca natural	natural stone	*nátural stóun*
piedra o roca artificial	man-made stone	*mán méid stóun*
piedra para pavimentar	pavers	*péivers*
piedras del campo	fieldstone	*fíeldstoun*
pizarra	slate	*sléit*
roca	rock	*rók*

VOCABULARIO ACERCA DE PIEDRAS/ROCAS
STONE TERMS
stóun térms

agregado	aggregate	*ágreget*
apilado en seco (sin mortero)	dry stack	*drái sták*
hoyo para el fuego	fire pit	*fáier pít*
pared de ladrillos	brick wall	*brík wól*
pared de piedra	stone wall	*stóun wól*
patio	patio	*pátio*
patio de ladrillos	brick patio	*brík pátio*
piedra y mortero, cal y canto	stone and mortar	*stóun mórtar*
puente, pasaje	walkway	*wókwei*

VOCABULARIO ACERCA DE ILUMINACIÓN
LIGHTING NAMES
láitin néims

antorcha	torch	*tórch*
artefacto (de iluminación) de cobre	copper fixture	*cóper fíxcher*
bajo voltaje	low voltage	*lóu vóltech*
candelabros	sconces	*scónses*
estaca	stake	*stéik*
iluminación arquitectónica	architectural lighting	*arkitéctural láiting*
iluminación para el jardín	garden lighting	*gárden láiting*

Vocab.

iluminación para paisajismo	landscape lighting	*lándskeip láiting*
lámpara, foco de luz, bombilla	lamp	*lámp*
linternas, lámparas	lanterns	*lánterns*
luz de bombillas	bullet light	*búlet láit*
luz de pozo	well light	*wél láit*
luz de trabajo	task light	*tásk láit*
luz enfocada	spot light	*ssspót láit*
luz guía/para caminos	pathway light	*pádwei láit*
luz para estanque/charca	pond light	*pónd láit*
luz para la cubierta/el balcón	deck light	*dék láit*
luz para poste	post lantern	*póust lántern*
luz superior	uplight	*áplait*
poste	lamp post	*lámp póust*
reflector	flood light	*flád láit*

VOCABULARIO ACERCA DE ILUMINACIÓN
LIGHTING TERMS
láitin térms

a prueba de corrosión	corrosion proof	*coróushon prúf*
aislante	insulator	*insuléitor*
aislante plástico	plastic insulation	*plástic insuléishon*
alambres tipo Taiwan	tw wires	*tí dábaliu wáiers*
bajo voltaje	low voltage	*lóu vóltech*
cable calentador	heating cable	*jíting kéibl*
cable cubierto con hoja plástica	plastic-sheathed cable	*plástic shíted kéibl*
cable de ultra frecuencia	uf cable	*iú éf kéibl*
cable del interruptor exterior	outdoor switch wire	*áutdor suích wáier*
caja del interruptor de falla de tierra	gfi box	*chí éf ái bóx*
caja desmontada	buried box	*bérid bóx*
circuito	circuit	*sérkuit*
clips, ganchitos	clips	*clíps*
conducto	conduit	*kónduit*
conducto de metal de paredes delgadas	thin wall metal conduit	*dín wól métal kónduit*
conducto plástico rígido	rigid plastic conduit	*ríchid plástic kónduit*
contactos eléctricos, prominencias	prongs	*próngs*

dispositivos a prueba de agua	weatherproof fixtures	*wéderpruf fíxchurs*
gancho, garfio	hook	*júk*
interruptor de circuito	circuit breaker	*sírkuit bréiker*
interruptor de falla de tierra	ground fault interruptor	*gráund fólt interráptor*
interruptor fotoeléctrico	electric eye switch	*eléktric ái suích*
lámpara/foco/bombilla halógena	halogen bulb	*jálogen bólb*
luz de paso	step light	*stép láit*
luz para el jardín	garden light	*gárden láit*
panel de servicio	service panel	*sérvis pánel*
pared pesada	heavy wall	*jévi wól*
receptáculo montado en la pared	wall mounted receptacle	*wól máunted reséptacl*
receptáculo, recipiente	receptacle	*reséptacl*
resistente a la humedad	moisture resistant	*móischor resístant*
sócate, tomacorriente	socket	*sóket*
solar	solar	*sóular*
trinchera	trench	*trénch*
voltaje de línea	line voltage	*láin vóltech*

INSECTOS
INSECTS
ínsekts

abeja	bee	*bí*
áfido	aphid	*áfid*
avispa	wasp	*wásp*
babosa	slug	*slág*
barrenador del tallo	stem borer	*stém bórer*
caracol	snail	*sssnéil*
chinche de las calabazas	squash bug	*ssskuásh bág*
chinche del arce	boxelder bug	*bóxelder bág*
enrollador de hojas	leaf roller	*líf róuler*
escarabajo de la hoja del rosal	rose leaf beetle	*róus líf bítl*
escarabajo de la rosa	rose chafer	*róus chéifer*
escarabajo japonés	Japanese beetle	*chapanís bítl*
escarabajo, coco	beetle	*bítl*
gorgojo, coquito	weevil	*wívl*
grillo	cricket	*críket*
gusano de bolsa	bagworm	*bágwerm*

Vocab.

gusano excavador, lombriz excavadora	grubworm	*grábwerm*
hormiga	ant	*ánt*
hormiga de fuego	fire ant	*fáier ánt*
huevos de araña	spider mites	*spáider máits*
libélula	dragonfly	*drágonflai*
mantis religiosa	praying mantis	*préing mántis*
mariposa	butterfy	*báterflai*
mariquita	lady bug	*léidi bág*
mosca blanca	whitefly	*wáitflai*
mosca de agua	midge	*mích*
mosquito	mosquito	*moskítou*
nemátodo (gusano)	nematode	*nématoud*
oruga	caterpillar	*cáterpilar*
oruga de tienda	tent caterpillar	*tént cáterpilar*
saltahojas, saltamontes	leafhopper	*lífjoper*
saltamontes	grasshopper	*grásjoper*
trip	thrip	*dríp*

VIDA SILVESTRE
WILDLIFE
wáildlaiv

ardilla	chipmunk	*chípmonk*
ardilla	squirrel	*ssskuíreul*
armadillo	armadillo	*armadílo*
castor	beaver	*bíver*
ciervo, venado	deer	*díar*
conejo	rabbit	*rábit*
coyote	coyote	*coyóudi*
culebra, serpiente, víbora	snake	*sssnéik*
gato	cat	*cát*
lagarto, lagartija	lizard	*lísard*
mapache, osito lavamanos	raccoon	*rakún*
marmota	groundhog	*gráundjog*
mofeta, zorrillo	skunk	*skánk*
musaraña	shrew	*shrú*
perro	dog	*dóg*
ratón de campo	vole	*vóul*
ratón, ratones	mouse/mice	*máus/máis*
sapo	toad	*tóud*

topo	mole	*móul*
zarigüeya, rabipelado, faro	opossum	*opósum*
zorro	fox	*fóx*

PÁJAROS
BIRDS
bérds

ala de cera de cedro	cedar wax wing	*sédar wáx wíng*
aletear	flicker	*flíker*
ave toro	cowbird	*cáwberd*
azulejo	blue bird	*blú bérd*
búho	owl	*áuel*
cardenal	cardinal	*kárdinal*
codorníz	quail	*kwéil*
colibrí	hummingbird	*jámingberd*
correcaminos	roadrunner	*róudraner*
estornino	starling	*ssstárling*
garza	heron	*jéron*
gaviota	gull	*gál*
gorrión	sparrow	*ssspárou*
halcón	hawk	*jók*
junco, enea	junco	*júnco*
lugano	goldfinch	*góuldfinch*
lugano	pine siskin	*páin sískin*
mirlo de alas rojas	red-winged blackbird	*réd uíngd blákberd*
oca(s), ganso(s)	goose/geese	*gús/guís*
pájaro carpintero de barriga roja	red-bellied woodpecker	*réd bélid wúdpekr*
pájaro carpintero de copete	hairy woodpecker	*jéari wúdpekr*
pájaro carpintero velludo	downy woodpecker	*dáuni wúdpekr*
paloma quejumbrosa	mourning dove	*móurning dáv*
paro de copete	tufted titmouse	*táftd títmaus*
pato	duck	*dák*
pavo	turkey	*térki*
pelícano	pelican	*pélican*
petirrojo	robin	*róbin*
picamaderos de pecho blanco	white-breasted nuthatch	*wáit bréstd nátjach*
picamaderos de pecho rojo	red-breasted nuthatch	*réd bréstd nátjach*

Vocab.

pinzón doméstico	house finch	*jáus fínch*
pinzón púrpura	purple finch	*pérpl fínch*
piquigordo vespertino	evening grosbeak	*ívning grósbik*
rascador	towhee	*tóujee*
reyezuelo de Carolina	Carolina wren	*caroláina rén*
reyezuelo doméstico	house wren	*jáus rén*
sinsonte	mockingbird	*mókinberd*
turpial	grackle	*grákl*
urraca de América	blue jay	*blú chéi*
vireo	chickadee	*chíkadi*
vireo	black-capped	*blák kápd*
de cabeza negra	chickadee	*chíkadi*

HABITANTES DEL AGUA
WATER DWELLERS
wóder duélers

caracol	snail	*sssnéil*
carroñero	scavenger	*ssscávencher*
koi	koi	*kói*
pez	fish	*físh*
pez dorado, carpa dorada, bailarina	goldfish	*góuldfish*
pez local o nativo	native fish	*néitiv físh*
rana	frog	*fróg*
renacuajo	tadpole	*tádpoul*
salamandra	salamander	*salamánder*
tortuga	turtle	*tértl*

EQUIPAMIENTO PESADO
POWER EQUIPMENT
páuer ekuípment

aireador	aerator	*airiéitor*
arado de novillo	skid steer	*ssskíd ssstíer*
bomba de agua	water pump	*wóter pámp*
cortador de hierba	weed trimmer	*wíd trímer*
cortadora de césped	sod cutter	*sód cáder*
cortapasto, segador	lawn mower	*lón móuer*
enrolladora de césped	sod roller	*sód róuler*
escarbadora	tiller	*tíler*

podadora tipo tractor	riding lawn mower	*ráiding lón móuer*
puerco salvaje, jabalí	bush hog	*búsh jóg*
segadora de empuje manual	push mower	*púsh móuer*
sierra de cadena	chainsaw	*chéinso*
soplador de hojas	leaf blower	*líf blóuer*
tractor	tractor	*tráctor*

HERRAMIENTAS
TOOLS
túls

aspersor difusor	broadcast spreader	*bródkast sssprédr*
azada	spade	*ssspéid*
azada de árbol	tree spade	*trí ssspéid*
azada/azadón, gancho	hoe	*jóu*
balde, cubo	bucket	*báket*
barril de agua de lluvia	rain water barrel	*réin wóder báreul*
bolsa atrapa insectos	tree buggy/dolly	*trí bági/dóli*
bomba de espalda, bomba portátil	backpack sprayer	*bákpak ssspréiar*
bomba para rociar o asperjar	pump up sprayer	*pámp áp ssspréiar*
cachucha, gorra	hat	*ját*
carretilla	wheelbarrow	*wíelbarou*
cincel	chisel	*chísel*
combustible, gasolina	gas	*gás*
corta cables	wire cutter	*waier cáder*
cortador de ladrillos	brick cutter	*brík cáder*
cortador, bordeador	edger	*échr*
cortadora de piedras	stone cutter	*ssstóun cáder*
corta malezas	weed trimmer	*wíd trímer*
cuerda del corta malezas	weed trimmer string	*wíd trímer ssstríng*
cultivador	cultivator	*kéltiveitor*
delimitador del estanque	pond liner	*pónd láiner*
envase/bidón para gasolina	gas can	*gás cán*
escalera	ladder	*láder*
esterilizadores del estanque	pond sterilizers	*pónd sssteraláisers*
filtro	filter	*fílter*
guantes	gloves	*glávs*
hacha	axe	*áx*
llana	trowel	*tráuel*
lona para jardín	landscape fabric	*lánskeip fábric*

lona/loneta impemeabilizada	tarp	tárp
machete, podadora	loppers	lópers
manguera de jardín	garden hose	gárden jóus
mezcla de aceite y gasolina	gas/oil mix	gás/óil míx
pala	shovel	shóvel
perturbador del estanque	pond strainer	pónd ssstréinr
pico	pick axe	pík áx
plantadora de bulbos	bulb planter	bólb plántr
podador/tijeras, bordeador (as) de setos	hedge trimmers	jéch trímers
poste, palo	pole	póul
rastrillo para hojas	leaf rake	líf réik
regadera	sprinkler	sssprínklr
regadera adaptable para manguera	hose end sprayer	jóus end ssspréier
rociador manual	hand held spreader	jánd jéld ssspréder
rociador por goteo	drop spreader	dróp ssspréder
sifón	siphon	sáifon
soplador de hojas	leaf blower	líf blóuer
tenazas de jardín	garden fork	gárden fórk
tijeras podadoras	pruners	prúners
tijeras podadoras	shears	shíars

PROVISIONES/SUMINISTROS
SUPPLIES
sapláis

abono, compost	compost	kómpost
acondicionador para el suelo	soil conditioner	sóil condíshoner
alambre	wire	wáier
arena	sand	sssánd
arpillera, fique (tela)	burlap	bórlap
banderas	flags	flágs
bola/bulto/fardo de paja de pino	bale of pine straw	béil ov páin ssstró
bola/bulto/fardo de paja de trigo	bale of wheat straw	béil ov wít ssstró
bramante	twine	tuáin
canteros/arriates para ventana	window boxes	wíndou bóxes
canto rodado decorativo	decorative boulder	décorativ bóulder
cesta, cesto	basket	básket

Vocab

cinta para marcar	marking tape	*márkin téip*
control de maleza pre emergente	pre emergent weed control	*prí emérchant wíd contról*
correcciones/ aditivos para el suelo	soil amendments	*sóil améndments*
corteza de madera desmenuzada	shredded hardwood mulch	*shréded járdwud málch*
corteza de piedra decorativa	decorative rock mulch	*décorativ rók málch*
corteza de pino	pine bark mulch	*páin bárk málch*
corteza de pino desmenuzada	shredded pine mulch	*shréded páin málch*
cuerda, cable	cord	*kórd*
cuerda, hilo	string	*ssstríng*
estacas de jardín	garden stakes	*gárden ssstéiks*
estiércol, bosta de vaca	cow manure	*cáu manúr*
estimulador para raíces	root stimulator	*rút ssstimiuléitor*
etiquetas para jardín	garden labels	*gárden léibls*
fertilizante	fertilizer	*fértilaiser*
fertilizante para plantas acuáticas	aquatic plant fertilizer	*acuátic plánt fértilaiser*
fungicida	fungicide	*fángisaid*
grava	gravel	*grável*
grava marrón o frijolito	brown pea gravel	*bráun pí grável*
insecticida	insecticide	*inséctisaid*
losa	flagstone	*flágstoun*
macetas, tiestos	pots	*póts*
matamalezas	weed killer	*wíd kiler*
medidor de humedad, higrómetro	moisture meter	*móischor míder*
medidor de lluvia	rain gauge	*réin guéich*
medidor de ph	ph tester	*pi éich téster*
musgo de turba	peat moss	*pít mós*
musgo/turba sphagnum	sphagnum peat moss	*ssfágnam pít mós*
pepitas de corteza de pino	pine bark nugget	*páin bárk náget*
periódico, papel de diario	newspaper	*niúspeiper*
perlita	perlite	*pérlait*
piedra	stone	*ssstóun*
piedra caliza	limestone	*láimstoun*

piedritas de río, frijolito marrón de río	brown river gravel	*bráun ríver grável*
pintura en aerosol	spray paint	*ssspréi péint*
pintura para marcar	marking paint	*márking péint*
preventivo para las malezas	weed preventer	*wíd prevénter*
recipiente/bote para el abono	compost bin	*cómpost bín*
relojes de sol	sundials	*sándaials*
roca del campo	fieldstone	*fíeldstoun*
roca, piedra	rock	*rók*
roca/piedra de mármol blanco	white marble rock	*wáit márbl rók*
semillas de césped/pasto	grass seed	*grás síd*
terrón, tepe, césped, pasto	sod	*sód*
tierra abonada para macetas/tiestos, canteros/arriates	potting soil	*póting sóil*
tierra negra, corteza de árbol	mulch	*málch*
tijeras	scissors	*sísors*
tubo o caño de pvc	pvc pipe	*pí ví sí páip*
vermiculita	vermiculite	*vermíkiulait*

ACCESORIOS DE JARDÍN
GARDEN ACCESSORIES
gárden aksésoris

bebedero/baño para pájaros	bird bath	*bérd bád*
canasto colgante	hanging basket	*jánging básket*
canasto/a	basket	*básket*
cartel para el jardín	garden sign	*gárden sáin*
dispensador de alimento para pájaros	bird feeder	*bérd fídr*
estatua de jardín	garden statue	*gárden ssstátiu*
piedra guía (de camino)	stepping stone	*ssstépin ssstóun*
urna	urn	*érn*
veletas	weather vanes	*wéder véins*

LOS COLORES
COLORS
cólors

rojo	red	*rrréd*
blanco	white	*wáit*

azul	blue	*blú*
rosado	pink	*pínk*
púrpura, morado	purple	*pérpl*
amarillo	yellow	*iélou*
anaranjado	orange	*órench*
verde	green	*grín*
negro	black	*blák*
marrón, café	brown	*bráun*

LOS MESES DEL AÑO
MONTHS
mánds

enero	January	*chánuari*
febrero	February	*fébruari*
marzo	March	*márch*
abril	April	*éipril*
mayo	May	*méy*
junio	June	*chún*
julio	July	*chulái*
agosto	August	*ógost*
septiembre	September	*septémber*
octubre	October	*octóuber*
noviembre	November	*novémber*
diciembre	December	*dicémber*

LOS DÍAS DE LA SEMANA
DAYS
déis

lunes	Monday	*mándei*
martes	Tuesday	*tiúsdei*
miércoles	Wednesday	*wénsdei*
jueves	Thursday	*dúrsdei*
viernes	Friday	*fráidei*
sábado	Saturday	*sáterdei*
domingo	Sunday	*sándei*

Colores

Días, Meses, Números

LOS NÚMEROS
NUMBERS
námbers

Días, Meses, Números

uno	one	*uán*
dos	two	*tú*
tres	three	*drí*
cuatro	four	*fór*
cinco	five	*fáiv*
seis	six	*síx*
siete	seven	*séven*
ocho	eight	*éit*
nueve	nine	*náin*
diez	ten	*tén*
once	eleven	*iléven*
doce	twelve	*tuélv*
trece	thirteen	*dirtín*
catorce	fourteen	*fortín*
quince	fifteen	*fiftín*
dieciséis	sixteen	*sixtín*
diecisiete	seventeen	*seventín*
dieciocho	eighteen	*eitín*
diecinueve	nineteen	*naintín*
veinte	twenty	*tuénti*
veintiuno	twenty-one	*tuénti-uán*
treinta	thirty	*dérti*
cuarenta	forty	*fórti*
cincuenta	fifty	*fífti*
sesenta	sixty	*síxti*
setenta	seventy	*séventi*
ochenta	eighty	*éiti*
noventa	ninety	*náinti*
cien	one hundred	*uán jándred*
doscientos	two hundred	*tú jándred*
quinientos	five hundred	*fáiv jándred*
mil	one thousand	*uán dáusand*

Frases-Índice

PREGUNTAS, RESPUESTAS Y AFIRMACIONES BÁSICAS EN EL TRABAJO
BASIC JOB QUESTIONS, ANSWERS AND STATEMENTS
béisic chób kuéstions, ánsers and ssstéitments

¿Cuántos hombres tiene para ayudarlo/a?
How many men do you have to help you?
¿Jáu méni men du iú jáv tu jélp iú?

Tengo _____ hombres para ayudarme.
I have _____ men to help me.
Ái jáv _____ men tu jélp mi.

¿Cuán grande es su cuadrilla/equipo?
How big is your crew?
¿Jáu big is iór crú?

Mi cuadrilla/equipo tiene _____ hombres.
My crew has ____ men.
Mái crú jas ___ men.

¿Tiene sus propias herramientas?
Do you have your own tools?
¿Dú iú jáv iór óun túls?

¿Cuándo puede comenzar con este trabajo?
When can you start the job?
¿Wén can iú ssstart de chób?

Puedo comenzar este trabajo la semana que viene.
I can begin the job next week.
Ái can bigín de chób next wík.

¿Cuánto le tomará completar este trabajo?
How long will it take you to complete this job?
¿Jáu long wil it téik iú tu complít dis chób?

Tomará un mes/una semana/un día terminar el trabajo.
It will take a month/week/day to do the job.
It wil téik a mónd/wík/déi tu du de chób.

¿Puede darme un estimado para hacer otro trabajo?
Can you give me a bid to do another job?
¿Can iú guív mi a bíd tu dú anóder chób?

Podemos darle un estimado para hacer otro trabajo.
We can give you a bid to do another job.
Wi can guív iú a bíd tu dú anóder chób.

¿Puede trabajar mañana?
Can you work tomorrow?
¿Can iú wérk tumórow?

Puedo trabajar todos los días.
I can work everyday.
Ái can wérk evridéi.

¿Cuánto paga este trabajo?
How much does this job pay?
¿Jáu mach das dis chób péi?

Su paga será $_____ la hora.
Your pay is going to be $_____ per hour.
Iór péi is góing tu bi _____ dólars per áuer.

¿Cuándo es el día de pago?
When is pay day?
¿Wén is péi déi?

Le pagaré al final de la semana/del día/del trabajo.
I will pay you at the end of the week/day/job.
Ái wil péi iú at di end ov de wík/déi/chób.

EN CONVERSACIÓN
CONVERSATIONAL
Converséishonal

¿Cómo está usted hoy/Cómo le va?
How are you today?
¿Jáu ár iú tudéi?

¿Cómo está su familia?
How is your family?
¿Jáu is iór fámili?

Muy bien, gracias.
Very well, thank you.
Véri wel, dánk iú.

Nos vemos mañana.
I will see you tomorrow.
Ái wil sí iú tumórow.

No estaré aquí mañana.
I will not be here tomorrow.
Ái wil not bi jíar tumórow.

¿Pasó un buen fin de semana?
Did you have a good weekend?
¿Did iú jáv a gúd wíkend?

Sí, pasé un muy buen fin de semana.
Yes, I had a very good weekend.
Iés, ái jád a véri gúd wíkend.

Tiene un buen equipo de hombres.
You have a good crew of men.
Iú jáv a gúd crú ov men.

¿Quiere tomar un descanso para almorzar?
Do you want to take a lunch break?
¿Dú iú want tu téik a lánch bréik?

Su trabajo se ve bien.
Your work looks good.
Iór wérk lúks gúd.

¿Voy a la tienda, necesita algo?
I am going to the store, do you need anything?
Ái am góing tu de ssstór, du iú níd éniding?

¿Qué hora es?
What time is it?
¿Wát táim is it?

GENERAL
GENERAL
Chéneral

¿Habla inglés?
Do you speak English?
¿Dú iú ssspík ínglish?

¿Habla español?
Do you speak Spanish?
¿Dú iú ssspík ssspánish?

Sí.
Yes.
Iés.

No.
No.
Nóu.

Por favor.
Please.
Plís.

Gracias.
Thank you.
Dánk iú.

¿Cuál es su nombre/Cómo se llama?
What is your name?
¿Wát is iór néim?

Mi nombre es…/Me llamo…
My name is…
Mái néim is…

Frases

¿Tiene referencias?
Do you have references?
¿Dú iú jáv réfrencis?

Sí, tengo referencias.
Yes, I have references.
Iés, ái jáv réfrencis.

No, no tengo referencias.
No, I do not have references.
Nóu, ái dú not jáv réfrencis.

¿Cuál es su número de teléfono?
What is your phone number?
¿Wát is iór fóun námber?

Mi número es _____.
My phone number is_____.
Mái fóun námber is _____.

MISCELÁNEOS
MISCELANEOUS
Misceláneous

No se permite el uso de drogas.
Drug use is not tolerated.
Drag iús is not toleréitd.

¿Tiene licencia de conducir?
Do you have a driver's license?
¿Dú iú jáv a dráivers láisens?

¿Adónde puedo conseguir una licencia de conducir?
Where can I get a driver's license?
¿Wéar can ái guét a dráivers láisens?

¿Adónde está el hospital/clínica?
Where is the hospital/clinic?
¿Wéar is de jóspital/clínic?

Sosténgalo allí mientras lo clavo.
Hold it there while I nail it.
Jóld it déar wáil ái néil it.

Recoja esto.
Pick this up.
Pík dis ap.

Levántelo un poco.
Raise it a little.
Réis it a lítl.

Bájelo un poco.
Lower it a little.
Lóuer it a lítl.

Martille esto.
Hammer this.
Jámer dis.

Consiga a alguien que lo ayude.
Get someone to help you.
Guét sámuan tu jélp iú.

¿Adónde…Adónde está…Adónde están…Qué es eso?
Where…Where is…. Where are…. What is that?
¿Wéar... Wéar is ...Wéar ár... Wát is dát?

¡Tenga cuidado!
Be careful!
¡Bi kérful!

Sígame.
Follow me.
Fólow mi.

Empuje.
Push.
Púsh.

Jale.
Pull.
Púl.

¡Cuidado!
Watch out!
¡Wách áut!

Ayúdeme a cargar esto.
Help me carry this.
Jelp mi cárri dis.

Déjeme ayudarle con eso.
Let me help you with that.
Let mi jélp iú wid dát.

La llave estará escondida aquí.
The key will be hidden here.
De kí wil bi jíden jíar.

Por favor cierre la puerta con llave antes de irse.
Please lock the door when you leave.
Plís lok de dór wén iú lív.

El baño portable está allí atrás.
The port-a-pot is out back.
De pórt-a-pót is áut bák.

El basurero está allá.
The dumpster is over there.
De dámpster is óuver déar.

¡Feliz cumpleaños!
Happy Birthday!
¡jápi bérdei!

¡Feliz Navidad!
Merry Christmas!
¡méuri krístmas!

¡Felicitaciones!
Congratulations!
ikongrateléishons!

¡No te preocupes…sé feliz!
Don't worry….. Be happy!
idóunt uári...bí jápi!

¡La vida me/te sonríe!
Life is good!
iláif is gúd!

CÉSPED/GRAMA/PASTO/TEPE/TERRÓN
LAWNS
lóns

¿Cuánto hace que trabaja con césped/grama/pasto/tepe/terrón?
How long have you been working with lawns and sod?
¿Jáu long jáv iú bín wérking wid lóns ánd sód?

Hace _____ años que trabajo con césped/grama/pasto/tepe/terrón.
I have been working with lawns/sod for ____ years.
Ái jáv bín wérking wid lóns ánd sód for _____ iérs.

¿Ha colocado césped/grama/pasto/tepe/terrón anteriormente?
Have you ever laid sod before?
¿Jáv iú éver léid sód bifór?

¿Ha arrollado césped/grama/pasto/tepe/terrón anteriormente?
Have you ever rolled sod before?
¿Jáv iú éver róld sód bifór?

¿Tiene referencias?
Do you have references?
¿Dú iú jáv réfrencis?

Sí, tengo referencias.
Yes, I have references.
Iés, ái jáv réfrencis.

No, no tengo referencias.
No, I do not have references.
Nóu, ái dú not jáv réfrencis.

¿Me puede dar un presupuesto por este trabajo?
Can you give me an estimate for this job?
¿Can iú guív mi an éstimeit for dis chób?

¿Cuándo puede comenzar con este proyecto?
When can you start this project?
¿Wén can iú ssstárt dis próchekt?

Puedo comenzar este trabajo la semana que viene/en dos semanas.
I can start this job next week/in two weeks.
Ái can ssstárt dis chób next wík/in tú wíks.

¿Cuánto le tomará completar este trabajo?
How long will it take you to complete this job?
¿Jáu long wil it téik iú tu complít dis chób?

Tomará un día/una semana terminarlo.
It will take a day/week to finish.
It wil téik a déi/wík tu fínish.

¿Tiene sus propias herramientas?
Do you have your own tools?
¿Dú iú jáv iór óun túls?

¿Ha utilizado un cortador de césped/grama/pasto/tepe/terrón anteriormente?
Have you used a sod cutter before?
¿Jáv iú iúsd a sód cáder bifór?

Debemos cortar y apilar el césped/grama/pasto/tepe/terrón aquí.
We need to cut and stack the sod here.
Wí níd tu cát ánd sták de sód jíer.

Debemos aplicar fertilizante con el roceador de mano.
We need to apply fertilizer with a push spreader.
Wí níd tu aplái fertiláiser wíd a púsh ssspréder.

Debemos rastrillar las hojas del césped/grama/pasto/tepe/terrón
y colocarlas en bolsas.
We need to rake the leaves from the lawn and bag them up.
Wí níd tu réik de lívs from de lón and bág dem áp.

Debemos pasar el soplador de hojas por todos los pasillos.
We need to blow all the walkways.
Wí níd tu blóu ól de wólkweis.

Debemos pasar el soplador de hojas por la entrada para carros.
We need to blow the driveway.
Wí níd tu blóu de dráivwei.

Debemos cortar este césped/grama/pasto/tepe/terrón.
We need to mow this lawn.
Wí níd tu móu dis lón.

Debemos pasar el bordeador por los canteros/arriates.
We need to edge the beds.
Wí níd tu éch de béds.

Debemos pasar el cortapasto con hilo a lo largo de la línea del cerco.
We need to weed eat along the fence line.
Wí níd tu wíd ít alóng de féns láin.

Debemos retirar todos los recortes del césped/grama/pasto/tepe/terrón
a medida que se necesite.
We need to remove all clippings from the lawn as needed.
Wí níd tu remúv ól clípings fróm de lón as nídid.

Debemos embolsar todos los escombros.
We need to bag all the debris.
Wí níd tu bág ól de debrí.

Necesitamos más fertilizante.
We need more fertilizer.
Wí níd mór fértilaiser.

Necesitamos más bolsas.
We need more bags.
Wí níd mór bágs.

Necesitamos más césped/grama/pasto/tepe/terrón.
We need more sod.
Wí níd mór sód.

¿Adónde está el soplador de hojas?
Where is the leaf blower?
¿Wéar is de líf blóuer?

¿Adónde está el rastrillo?
Where is the rake?
¿Wéar is de réik?

¿Adónde está el cortador de hierba?
Where is the weed trimmer?
¿Wéar is de wíd trímer?

¿Adónde está el hilo para el cortador de hierba?
Where is the weed trimmer string?
¿Wéar is de wíd trímer ssstríng?

¿Adónde están las bolsas?
Where are the bags?
¿Wéar ár de bágs?

¿Existe un área para descomposición de desechos?
Is there an area for composting?
¿Ís déar án éria fór compósting?

JARDINERÍA ACUÁTICA
WATER GARDENING
wóder gárdning

¿Cuánto hace que trabaja con jardines acuáticos y estanques?
How long have you been working with water gardens and ponds?
¿Jáu long jáv iú bín wérking wid wóder gárdens ánd pónds?

Hace _____ años que trabajo con jardines acuáticos y estanques.
I have been working with water gardens and ponds for ___ years.
Ái jáv bín wérking wid wóder gárdens ánd pónds for _____ iérs.

¿Tiene referencias?
Do you have references?
¿Dú iú jáv réfrencis?

Sí, tengo referencias.
Yes, I have references.
Iés, ái jáv réfrencis.

No, no tengo referencias.
No, I do not have references.
Nóu, ái dú not jáv réfrencis.

¿Me puede dar un presupuesto por este trabajo?
Can you give me an estimate for this job?
¿Can iú guív mi an éstimeit for dis chób?

Frases

¿Cuándo puede comenzar con este proyecto?
When can you start this project?
¿Wén can iú ssstárt dis próchekt?

Puedo comenzar este trabajo la semana que viene/en dos semanas.
I can start this job next week/in two weeks.
Ái can ssstárt dis chób next wík/in tú wíks.

¿Cuánto le tomará completar este trabajo?
How long will it take you to complete this job?
¿Jáu long wil it téik iú tu complít dis chób?

Tomará un día/una semana terminarlo.
It will take a day/week to finish.
It wil téik a déi/wík tu fínish.

¿Tiene sus propias herramientas?
Do you have your own tools?
¿Dú iú jáv iór óun túls?

Debemos bosquejar un esquema
We need to draw a plan.
Wí níd tu dró a plán.

Debemos trazar el área del estanque.
We need to outline the pond area.
Wí níd tu áutlain de pónd éria.

Debemos marcarlo con banderines.
We need to mark it with flags.
Wí níd tu márk ít wíd flágs.

Debemos remover el césped/grama/pasto/tepe/terrón.
We need to remove the sod.
Wí níd tu remúv de sód.

Debemos cavar una fosa.
We need to dig a hole.
Wí níd tu díg a jóul.

Debemos cavarle el centro.
We need to dig out the center.
Wí níd tu díg áut de sénter.

Debemos cavar unos _____ pies de profunidad en el centro.
We need to dig _____ deep in the center.
Wí níd tu díg _____ díp in de sénter.

Debemos cavar _____ pies para los costados.
We need to dig _____ for the sides.
Wí níd tu díg _____ for de sáids.

¿Ha visto a ese sapo que saltó?
Did you see that frog jump?
¿Díd iú sí dát fróg chámp?

Debemos cavar la fosa de _____ pies por _____ pies.
We need to make the hole ____ft. x ____ft.
Wí níd tu méik de jóul _____ fít bái _____ fít.

Debemos remover todas las piedras/rocas.
We need to remove all rocks.
Wí níd tu remúv ól róks.

Debemos remover todas las raíces.
We need to remove all roots.
Wí níd tu remúv ól rúts.

Debemos colocar arena en el fondo.
We need to put the sand in the bottom.
Wí níd tu pút de sánd in de bótom.

Debemos instalar el delimitador/la funda.
We need to install the liner.
Wí níd tu instól de láiner.

Debemos alisar las arrugas.
We need to smooth out the wrinkles.
Wí níd tu smúd áut de rínkls.

Debemos instálar la cañería para la fuente.
We need to install the pipe for the fountain.
Wí níd tu instól de páip fór de fáuntein.

Debemos colocar piedras/rocas alrededor del borde.
We need to put rocks around the edge.
Wí níd tu pút róks aráund de éch.

Debemos llenar el estanque con agua.
We need to fill up the pond with water.
Wí níd tu fíl áp de pónd wíd wóder.

Necesitamos más piedras/rocas.
We need more rocks.
Wí níd mór róks.

Necesitamos más arena.
We need more sand.
Wí nír mór sánd.

Necesitamos más caños.
We need more pipe.
Wí níd mór páip.

Necesitamos más plantas.
We need more plants.
Wí ní mór plánts.

Necesitamos más peces.
We need more fish.
Wí ní mór físh.

Necesitamos más caracoles.
We need more snails.
Wí níd mór sssnéils.

Necesitamos otra pala.
We need another shovel.
Wí níd anáder shóvl.

¿Adónde está la pala?
Where is the shovel?
¿Wéar is de shóvl?

¿Adónde están las piedras/rocas?
Where are the rocks?
¿Wéar ár de róks?

¿Adónde está la arena?
Where is the sand?
¿Wéar is de sánd?

¿Adónde están los banderines?
Where are the flags?
¿Wéar ár de flágs?

¿Adónde está la manguera?
Where is the water hose?
¿Wéar is de wóder jóus?

¿Adónde está la carretilla?
Where is the wheelbarrow?
¿Wéar is de wíelbarou?

¿Adónde está la retroexcavadora?
Where is the back hoe?
¿Wéar is de bák jóu?

¿Adónde está el delimitador del estanque?
Where is the pond liner?
¿Wéar is de pónd láiner?

¿Adónde está la bomba?
Where is the pump?
¿Wéar is de pámp?

¿Adónde está el filtro?
Where is the filter?
¿Wéar is de fílter?

¿Adónde está el nivel?
Where is the level?
¿Wéar is de lével?

¿Adónde está la arena?
Where is the sand?
¿Wéar is de sánd?

¿Adónde está la piedra/roca?
Where is the stone?
¿Wéar is de ssstóun?

¿Adónde está la calefacción?
Where is the heater?
¿Wéar is de jíter?

¿Adónde están las plantas?
Where are the plants?
¿Wéar ár de plánts?

¿Adónde están los peces?
Where are the fish?
¿Wéar ár de físh?

Debemos obtener una inspección.
We need to get an inspection.
Wí níd tu guét an inspékshon.

Debemos colocar los escombros en el basurero.
We need to put the debris in the dumpster.
Wí níd tu put de debrí in de dámpster.

Debemos limpiar el área de trabajo a diario.
We need to clean up the job-site daily.
Wí níd tu clín ap de chób-sáit déili.

TRABAJO CON PIEDRA/ROCA DECORATIVA
DECORATIVE STONE WORK
Décorativ ssstóun wérk

¿Cuánto hace que trabaja con piedra/roca?
How long have you been working with stone?
¿Jáu lóng jáv iú bin wérking wid stóun?

Hace _____ años que trabajo con piedra/roca.
I have been working with stone for _____ years.
Ái jáv bin wérking wid stóun for_____ iérs.

¿Tiene referencias?
Do you have references?
¿Dú iú jáv réfrencis?

Sí, tengo referencias.
Yes, I have references.
Iés, ái jáv réfrencis.

No, no tengo referencias.
No, I do not have references.
Nóu, ái dú not jáv réfrencis.

¿Me puede dar un presupuesto por este trabajo?
Can you give me an estimate for this job?
¿Can iú guív mi an éstimeit for dis chób?

¿Cuándo puede comenzar con este proyecto?
When can you start this project?
¿Wén can iú ssstárt dis próchekt?

Puedo comenzar este trabajo la semana que viene/en dos semanas.
I can start this job next week/in two weeks.
Ái can ssstárt dis chób next wík/in tú wíks.

¿Cuánto le tomará completar este trabajo?
How long will it take you to complete this job?
¿Jáu long wil it téik iú tu complít dis chób?

Tomará un día/una semana terminarlo.
It will take a day/week to finish.
It wil téik a déi/wík tu fínish.

¿Tiene sus propias herramientas?
Do you have your own tools?
¿Dú iú jáv iór óun túls?

Debemos construir una pared de piedra.
We need to build a stone wall.
Wí níd tu bíld a ssstóun wól.

Debemos construir una pared de piedra en seco.
We need to build a dry stack stone wall.
Wí níd tu bíld a drái sssták ssstóun wól.

Debemos construir una pared de contención.
We need to build a retaining wall.
Wí níd tu bíld a ritéining wól.

Debemos colocar un camino de piedra/roca/ladrillo.
We need to lay a stone/brick walkway.
Wí níd tu léi a ssstóun/brík wólkwei.

Debemos colocar un patio de piedra/roca/ladrillo.
We need to lay a stone/brick patio.
Wí níd tu léi a ssstóun/brík pátio.

Debemos cavar un hoyo/una fosa para el fuego.
We need to build a fire pit.
Wí níd tu bíld a fáier pít.

Debemos apilar las piedras/rocas aquí.
We need to stack the stone here.
Wí níd tu sták de ssstóun jíer.

Debemos construir un estanque para lirios acuáticos.
We need to build a lily pond.
Wí níd tu bíld a líli pónd.

Debemos instalar un desagüe/drenaje francés.
We need to install French drains.
Wí níd tu instól frénch dréins.

Debemos agregarle grava a esta trinchera/zanja antes de colocar la cañería.
We need to add gravel to this trench before laying the drainpipe.
Wí níd tu ad grável tu dís trénch bifór léing de dráinpaip.

Debemos cubrir esta trinchera/zanja con _____ pulgadas de tierra.
We need to cover this trench with _____ inches of soil.
Wí n'íd tu cáver dís trénch wíd _____ ínchs óv sóil.

Necesitamos más piedras/rocas.
We need more rock.
Wí níd mór rók.

Necesitamos más arena.
We need more sand.
Wí níd mór sánd.

Necesitamos más argamasa/mezcla.
We need more mortar.
Wí nír mór mórtar.

Necesitamos más ladrillos.
We need more bricks.
Wí níd mór bríks.

Necesitamos más agua para poder mezclar esto.
We need more water to mix this with.
Wí níd mór wóder tu mix dís wíd.

Necesitamos cinco galones de agua (en un balde).
We need a five gallon bucket of water.
Wí níd a fáiv gálon báket óv wóder.

¿Adónde está la manguera?
Where is the water hose?
¿Wéar ís de wóder jóus?

¿Adónde está la arena?
Where is the sand?
¿Wéar ís de sánd?

¿Adónde está la llana?
Where is the trowel?
¿Wéar ís de trówel?

Debemos obtener una inspección.
We need to get an inspection.
Wí níd tu guét an inspékshon.

Debemos colocar los escombros en el basurero.
We need to put the debris in the dumpster.
Wí níd tu put de debrí in de dámpster.

Debemos limpiar el área de trabajo a diario.
We need to clean up the job-site daily.
Wí níd tu clín ap de chób-sáit déili.

ILUMINACIÓN DECORATIVA
DECORATIVE LIGHTING
Décorativ láiting

¿Cuánto hace que trabaja con iluminación?
How long have you been working with lighting?
¿Jáu long jáv iú bín wérking wid láiting?

Hace _____ años que trabajo con iluminación.
I have been working with lighting for _____ years.
Ái jáv bín wérking wid láiting for _____ iérs.

¿Tiene referencias?
Do you have references?
¿Dú iú jáv réfrencis?

Sí, tengo referencias.
Yes, I have references.
Iés, ái jáv réfrencis.

No, no tengo referencias.
No, I do not have references.
Nóu, ái dú not jáv réfrencis.

¿Me puede dar un presupuesto por este trabajo?
Can you give me an estimate for this job?
¿Can iú guív mi an éstimeit for dis chób?

¿Cuándo puede comenzar con este proyecto?
When can you start this project?
¿Wén can iú ssstárt dis próchekt?

Puedo comenzar este trabajo la semana que viene/en dos semanas.
I can start this job next week/in two weeks.
Ái can ssstárt dis chób next wík/in tú wíks.

¿Cuánto le tomará completar este trabajo?
How long will it take you to complete this job?
¿Jáu long wil it téik iú tu complít dis chób?

Tomará un día/una semana terminarlo.
It will take a day/week to finish.
It wil téik a déj/wík tu fínish.

¿Tiene sus propias herramientas?
Do you have your own tools?
¿Dú iú jáv iór óun túls?

Debemos marcar los ingresos para la entrada de los carros.
We need to mark the entrances to the driveway.
Wí níd tu márk de éntransis tu de dráivwei.

Debemos remarcar los escalones y los cordones/las curvas.
We need to accent the steps and curbing.
Wí níd tu áksent de sstéps ánd kérbing.

Debemos bosquejar los caminos.
We need to outline the walkways.
Wí níd tu áutlain de wókweis.

Debemos iluminar el área del patio.
We need to light the patio area.
Wí níd tu láit de pátio éria.

Debemos iluminar el balcón.
We need to light the deck area.
Wí níd tu láit de dék éria.

Debemos iluminar los canteros/arriates.
We need to light the flower beds.
Wí níd tu láit de fláuer béds.

Debemos iluminar los senderos del jardín.
We need to highlight the garden paths.
Wí níd tu jáilait de gárden páds.

Debemos iluminar el estanque de los peces.
We need to light the fish pond.
Wí níd tu láit de físh pónd.

Debemos iluminar la piscina.
We need to light the swimming pool.
Wí níd tu láit de sssuímin púl.

Debemos usar el cable de alta frecuencia.
We need to use type UF cable.
Wí níd tu iús táip iú éf kéibl.

Frases

Debemos utilizar conducto para proteger el cable.
We need to use a conduit to protect the cable.
Wí níd tu iús a kónduit tu protékt de kéibl.

Debemos colocar los banderines adonde irán las luces.
We need to put flags where the lights are to go.
Wí níd tu pút flágs wéar de láits ár tu góu.

Debemos medir la distancia.
We need to measure the distance.
Wí níd tu mésher de dístans.

Debemos instalar las luces que apuntan hacia abajo.
We need to get the down-lighting installed.
Wí níd tu guét de dáun-láitin instóld.

Debemos instalar las luces que apuntan hacia abajo.
We need to get the up-lighting installed.
Wí níd tu guét de áp-láitin instóld.

Debemos instalar las luces de iluminación cruzada.
We need to get the cross-lighting installed.
Wí níd tu guét de crós-láitin instóld.

Debemos instalar las luces de ambientación.
We need to get the accent lighting installed.
Wí níd tu guét de áksent láitin instóld.

Debemos cavar una trinchera/zanja para el cable.
We need to make a trench for the cable.
Wí níd tu méik a trénch fór de kéibl.

¿Adónde está la cinta de medir?
Where is the tape measure?
¿Wéar ís de téip mésher?

¿Adónde está el corta cables?
Where are the wire cutters?
¿Wéar ár de wáier cáders?

¿Adónde está el destornillador?
Where is the screwdriver?
¿Wéar ís de scrúdraivr?

¿Adónde está el martillo?
Where is the hammer?
¿Wéar ís de jámer?

¿Adónde está la caja de fusibles?
Where is the fuse box?
¿Wéar ís de fiús bóx?

¿Adónde está el dobla conducto/tubo?
Where is the conduit bender?
¿Wéar ís de kónduit bénder?

No toque el botón rojo brillante.
Don't touch the shiny red button.
Dóunt tách de sháini réd bádon.

Debemos probar estas luces
We need to test these lights.
Wí níd tu tést dís láits.

Debemos encender las luces
We need to switch on the lights.
Wí níd tu sssuích on de láits.

Debemos conectar los cables.
We need to hook up the cables.
Wí níd tu júk áp de kéibls.

Necesitamos más cables.
We need more cable.
Wí níd mór kéibl.

Necesitamos más cables/alambres.
We need more wire.
Wí níd mór wáier.

Debemos instalar las luces bajo tierra.
We need to plant the lights in the ground.
Wí níd tu plánt de láits in de gráund.

Debemos empalmar éste cable.
We need to splice this wire.
Wí níd tu ssspláis dís wáier.

Debemos obtener una inspección.
We need to get an inspection.
Wí níd tu guét an inspékshon.

Debemos colocar los escombros en el basurero.
We need to put the debris in the dumpster.
Wí níd tu put de debrí in de dámpster.

Debemos limpiar el área de trabajo a diario.
We need to clean up the job-site daily.
Wí níd tu clín ap de chób-sáit déili.

PLANTACIÓN / INSTALACIÓN
PLANTING / INSTALLATION
Plántin / Instaléishon

¿Cuánto hace que trabaja en jardinería y paisajismo?
How long have you been landscaping & gardening?
¿Jáu long jáv iú bín lándskeiping ánd gárdening?

Hace _____ años que trabajo en jardinería y paisajismo.
I have been working with landscaping & gardening for _____ years.
Ái jáv bín wérking wid lándskeiping ánd gárdening for _____ iérs.

¿Tiene referencias?
Do you have references?
¿Dú iú jáv réfrencis?

Sí, tengo referencias.
Yes, I have references.
Iés, ái jáv réfrencis.

Frases

No, no tengo referencias.
No, I do not have references.
Nóu, ái dú not jáv réfrencis.

¿Me puede dar un presupuesto por este trabajo?
Can you give me an estimate for this job?
¿Can iú guív mi an éstimeit for dis chób?

¿Cuándo puede comenzar con este proyecto?
When can you start this project?
¿Wén can iú ssstárt dis próchekt?

Puedo comenzar este trabajo la semana que viene/en dos semanas.
I can start this job next week/in two weeks.
Ái can ssstárt dis chób next wík/in tú wíks.

¿Cuánto le tomará completar este trabajo?
How long will it take you to complete this job?
¿Jáu long wíl it téik iú tu complít dis chób?

Tomará un día/una semana terminarlo.
It will take a day/week to finish.
It wil téik a déi/wík tu fínish.

¿Tiene sus propias herramientas?
Do you have your own tools?
¿Dú iú jáv iór óun túls?

Debemos cavar fosas para las plantas y agregar un buen acondicionador para el suelo.
We need to dig holes for the plants and add good soil conditioner.
Wí níd tu díg jóuls fór de plánts ánd ád gúd sóil kondíshoner.

Debemos regar estos arbustos después de plantarlos.
We need to water these shrubs after we plant them.
Wí níd tu wóder díis shrábs áfter wí plánt dém.

Debemos fertilizar todos los arbustos en este jardín.
We need to fertilize all the shrubs in this yard.
Wí níd tu fértilais ól de shrábs ín dis iárd.

Debemos rociar fertilizador alrededor de la base de las plantas.
We need to sprinkle fertilizer around the base of the plants.
Wí níd tu sssprínkl fertiláiser aráund de béis óv de plánts.

Debemos cubrir con tierra negra/corteza de árbol después de jalar la maleza.
We need to mulch after we pull the weeds.
Wí níd tu málch áfter wí púl de wíds.

Debemos rociar preventivo de maleza antes de colocar la tierra negra/corteza de árbol.
We need to sprinkle weed preventer down before we mulch.
Wí níd tu sssprínkl wíd privénter dáun bifór wí málch.

Debemos recortar los arbustos y remover los recortes.
We need to trim shrubs and remove the clippings.
Wí níd tu trím shrábs ánd remúv de clípings.

Debemos plantar estas flores.
We need to plant these flowers.
Wí níd tu plánt dís fláuers.

Debemos plantar estas flores _____ pulgadas de separación.
We need to plant these flowers _____ inches apart.
Wí níd tu plánt dís fláuers _____ ínchs apárt.

Debemos plantar este árbol justo ahí.
We need to plant this tree right here.
Wí níd tu plánt dís trí ráit jíer.

Debemos plantar estos arbustos.
We need to plant these shrubs.
Wí níd tu plánt dís shrábs.

Debemos plantar esta cobertura de suelo con _____ pulgadas de separación.
We need to plant this ground cover _____inches apart.
Wí níd tu plánt dís gráund caver _____ ínchs apárt.

Debemos usar la escarbadora para aflojar la tierra antes de plantar.
We need to use the tiller to loosen up the soil before we begin to plant.
Wí níd tu iús de tíler tu lúsen áp de sóil bifór wí bigín tu plánt.

Debemos usar la escarbadora para ayudar a romper la arcilla.
We need to use the tiller to help break up the clay.
Wí níd tu iús de tíler tu jélp bréik áp de kléi.

Debemos agregar musgo de turba al cantero/arriate.
We need to add peat moss to the bed.
Wí níd tu ád pít mós tu de béd.

Debemos plantar la rosa debajo de la corona.
We need to plant the rose below the crown.
Wí níd tu plánt de róus bilów de kráun.

Debemos cavar la fosa 1.5 veces más grande que el tamaño del bulto de la raíz.
We need to dig the hole one half times larger than the plant's rootball.
Wí níd tu díg de jóul uán jálf táims lárcher dán de plánts rútbol.

Debemos cortar el hilo alrededor del tronco del árbol, después de que esté en el hoyo/la fosa.
We need to cut the string around the trunk of the tree after it is in the hole.
Wí níd tu cát de ssstríng aráund de tránk óv de trí áfter it ís ín de jóul.

Debemos soltar la arpillera del bulto de la raíz después de que el árbol esté en el hoyo/la fosa.
We need to loosen the burlap from the rootball after the tree is in the hole.
Wí níd tu lúsen de bórlap fróm de rútbol áfter de trí ís ín de jóul.

Debemos regar bien con el estimulador de raíces después de plantar.
We need to water well with root stimulator after we plant.
Wí níd tu wóder wél wíd rút ssstimiuléitor áfter wí plánt.

Debemos plantar el roble aquí.
We need to plant the oak tree here.
Wí níd tu plánt de óuk trí jíer.

Debemos plantar el arce aquí.
We need to plant the maple tree here.
Wí níd tu plánt de méipl trí jíer.

Debemos plantar la magnolia aquí.
We need to plant the magnolia tree here.
Wí níd tu plánt de magnólia trí jíer.

Debemos plantar el alamo aquí.
We need to plant the poplar tree here.
Wí níd tu plánt de póplar trí jíer.

Debemos plantar el árbol de fruta aquí.
We need to plant the fruit tree here.
Wí níd tu plánt de frút trí jíer.

Debemos plantar el árbol de hojas perennes aquí.
We need to plant the evergreen tree here.
Wí níd tu plánt dí évergrin trí jíer.

Debemos plantar el abedul aquí.
We need to plant the birch tree here.
Wí níd tu plánt de bérch trí jíer.

Debemos plantar el pino aquí.
We need to plant the pine tree here.
Wí níd tu plánt de páin trí jíer.

Debemos plantar el cornejo aquí.
We need to plant the dogwood tree here.
Wí níd tu plánt de dógud trí jíer.

Debemos plantar el boxwood aquí.
We need to plant the boxwood here.
Wí níd tu plánt de bóxud jíer.

Debemos plantar el laurel aquí.
We need to plant the laurel here.
Wí níd tu plánt de lórel jíer.

Debemos plantar la azalea aquí.
We need to plant the azalea here.
Wí níd tu plánt de aséilia jíer.

Debemos plantar el rododendro aquí.
We need to plant the rhododendron here.
Wí níd tu plánt de rododéndron jíer.

Debemos plantar el helecho aquí.
We need to plant the fern here.
Wí níd tu plánt de férn jíer.

Debemos plantar las flores aquí.
We need to plant the flowers here.
Wí níd tu plánt de fláuers jíer.

Debemos plantar los arbustos aquí.
We need to plant the shrubs here.
Wí níd tu plánt de shrábs jíer.

Debemos plantar la hermosa de día aquí.
We need to plant the hosta here.
Wí níd tu plánt de jósta jíer.

Debemos plantar las rosas aquí.
We need to plant the roses here.
Wí níd tu plánt de róuses jíer.

Debemos escarbar el suelo a _____ pies de profundidad y agregar abono antes de plantar.
We need to till the soil _____ inches deep and add compost before planting.
Wí níd tu tíl de sóil _____ ínchs díp ánd ád kómpost bifór plánting.

Debemos agregar musgo de turba en la fosa/el hoyo después de cavar.
We need to add peat moss in the hole after we dig it.
Wí níd tu ád pít mós ín de jóul áfter wí díg ít.

Debemos regar el árbol con estimulador para raíces luego de plantarlo.
We need to water it with root stimulator after we plant the tree.
Wí níd tu wóder ít wíd rút ssstimiuléitor áfter wí plánt de trí.

Debemos plantar estas flores con _____ pulgadas de separación.
We need to plant these flowers ___ inches apart.
Wí níd tu plánt díis fláuers _____ ínchs apárt.

Debemos plantar estas flores a_____pies de profundidad
We need to plant these flowers ___ inches deep.
Wí níd tu plánt díis fláuers _____ ínchs díp.

Debemos plantar este cobertor de suelo a _____ pulgadas de separación
We need to plant this ground cover _____ inches apart.
Wí níd tu plánt díis gráund caver _____ ínchs apárt.

Debemos plantar este cobertor de suelo a _____ pies de profundidad.
We need to plant this ground cover _____ inches deep.
Wí níd tu plánt díis gráund caver _____ ínchs díp.

Debemos ser cuidadosos de no golpear la tubería de irrigación cuando estamos cavando.
We need to be careful not to hit the Irrigation Line when digging.
Wí níd tu bí kérful nót tu jít de iruigueíshon láin wén díging.

Debemos ser cuidadosos de no golpear la tubería de gas cuanto estamos cavando.
We need to be careful not to hit the Gas Line when digging.
Wí níd tu bí kérful nót tu jít de gás láin wén díging.

Debemos ser cuidadosos de no golpear la tubería línea del cable de TV cuando estamos cavando.
We need to be careful not to hit the Cable Line when digging.
Wí níd tu bí kérful nót tu jít de kéibl láin wén díging.

Debemos ser cuidadosos de no golpear el sistema de seguridad cuando estamos cavando.
We need to be careful not to hit the Security System when digging.
Wí níd tu bí kérful nót tu jít de sekiúriti sístem wén díging.

Debemos ser cuidadosos de no golpear la conexión del cerco invisible para mascotas cuando estamos cavando.
We need to be careful not to hit the Invisible Pet Fence Line when digging.
Wí níd tu bí kérful nót tu jít de invísibl pét féns láin wén díging.

Debemos ser cuidadosos de no golpear la tubería de agua cuando estamos cavando.
We need to be careful not to hit the Water Line when digging.
Wí níd tu bí kérful nót tu jít de wóder láin wén díging.

Debemos ser cuidadosos de no golpear el cableado de teléfono cuando estamos cavando.
We need to be careful not to hit the Phone Line when digging.
Wí níd tu bí kérful nót tu jít de fóun láin wén díging.

Aquí está señalada la línea de irrigación.
The Irrigation Line is marked here.
Di iruigueíshon láin ís márkd jíer.

Aquí está señalada la línea de gas.
The Gas Line is marked here.
De gás láin ís márkd jíer.

Aquí está señalada la línea del cable de TV.
The Cable Line is marked here.
De kéibl láin ís márkd jíer.

Aquí está señalada la línea del cable de sistema de seguridad.
The Security System Line is marked here.
De sekiúriti sístem láin ís márkd jíer.

Aquí está señalada la línea del cerco invisible para mascotas.
The Invisible Pet Fence Line is marked here.
De invísibl pét féns láin ís márkd jíer.

Aquí está señalada la línea de agua.
The Water Line is marked here.
De wóder láin ís márkd jíer.

Aquí está señalada la línea del cableado de teléfono.
The Phone Line is marked here.
De fóun láin ís márkd jíer.

Debemos agregar el abono en la base de estas plantas.
We need to add compost to the base of these plants.
Wí níd tu ád kómpost tu de béis óv dís plánts.

Debemos agregar preventivo para malezas en estos canteros/arriates después de haber aplicado preventivo.
We need to add weed preventer in these beds after we have weeded.
Wí níd tu ád wíd prevénter ín díis béds áfter wí jáv wídid.

Debemos agregar tierra negra en este cantero/arriate después de haber aplicado preventivo.
We need to add mulch in this bed after we have applied weed preventer.
Wí níd tu ád málch ín díis béd áfter wí jáv apláid wíd prevénter.

Debemos aplicar un poco más de preventivo para maleza arriba de la nueva tierra negra/corteza de árbol.
We need to add a little more weed preventer on top of new mulch.
Wí níd tu ád a lítl mór wíd prevénter on tóp of niú málch.

Necesitamos realizar un recorte preciso a lo largo del borde del cantero/arriate.
We need an edge cut out along the bed line.
Wí níd án éch cát áut alóng de béd láin.

Necesitamos que el borde tenga _____ pies de profundidad.
We need the edge to be _____inches deep.
Wí níd di éch tu bí _____ ínchs díp.

Debemos colocar banderines en la tierra donde serán plantadas las flores.
We need to place flags in the ground where the flowers are to be planted.
Wí níd tu pléis flágs ín de gráund wéar de fláuers ár tu bí plánted.

Debemos colocar banderines en la tierra donde serán plantados los árboles.
We need to place flags in the ground where the trees are to be planted.
Wí níd tu pléis flágs ín de gráund wéar de trís ár tu bí plánted.

Debemos colocar banderines en la tierra donde serán plantados los arbustos.
We need to place flags in the ground where the shrubs are to be planted.
Wí níd tu pléis flágs ín de gráund wéar de shrábs ár tu bí plánted.

Debemos colocar banderines en la tierra donde serán plantadas las vides.
We need to place flags in the ground where the vines are to be planted.
Wí níd tu pléis flágs ín de gráund wéar de váins ár tu bí plánted.

Debemos desplantarlos/las y plantarlos/las allí.
We need to dig these up and plant them over there.
Wí níd tu díg díis áp ánd plánt dém óuver déar.

Debemos colocar estas plantas sobre una lona/loneta mientras que desplantamos las otras.
We need to lay these plants on a tarp while we are digging the others.
Wí níd tu léi díis plánts on a tárp wáil wí ár díging di áders.

Necesitamos más plantas.
We need more plants.
Wí níd mór plánts.

Necesitamos más tierra negra/corteza de árbol.
We need more mulch.
Wí níd mór málch.

Necesitamos más preventivo para malezas.
We need more weed preventer.
Wí níd mór wid preventer.

Necesitamos más abono.
We need more compost.
Wí níd mór kómpost.

Necesitamos más fertilizante.
We need more fertilizer.
Wí níd mór fertiláiser.

Necesitamos más estimulador para raíces.
We need more root stimulator.
Wí níd mór rút ssstimiuléitor.

Necesitamos más preventivo para malezas.
We need more weed preventer.
Wí níd mór wíd prevénter.

Necesitamos más cobertura de suelo.
We need more ground cover.
Wí níd mór gráund caver.

Necesitamos más enredaderas.
We need more vines.
Wí níd mór váins.

Necesitamos más árboles.
We need more trees.
Wí níd mór trís.

Necesitamos más banderines.
We need more flags.
Wí níd mór flágs.

¿Adónde está el cortador/bordeador?
Where is the edger?
¿Wéar is di échr?

¿Adónde están las flores?
Where are the flowers?
¿Wéar ár de fláuers?

¿Adónde están los bulbos?
Where are the bulbs?
¿Wéar ár de bálbs?

¿Adónde está la pala?
Where is the shovel?
¿Wéar is de shóvl?

¿Adónde está el rastrillo?
Where is the rake?
¿Wéar is de réik?

¿Adónde está la carretilla?
Where is the wheelbarrow?
¿Wéar is de wíelbarou?

¿Adónde está la bolsa atrapa insectos?
Where is the tree buggy/dolly?
¿Wéar is de trí bági/dóli?

¿Adónde está la lona/loneta impermeabilizada?
Where is the tarp?
¿Wéar is de tárp?

¿Adónde están los banderines?
Where are the flags?
¿Wéar ár de flágs?

¿Adónde está la manguera?
Where is the hose?
¿Wéar is de jóus?

Debemos obtener una inspección.
We need to get an inspection.
Wí níd tu guét an inspékshon.

Debemos colocar los escombros en el basurero.
We need to put the debris in the dumpster.
Wí níd tu put de debrí in de dámpster.

Debemos limpiar el área de trabajo a diario.
We need to clean up the job-site daily.
Wí níd tu clín ap de chób-sáit déili.

MANTENIMIENTO
MAINTENANCE
Méintenans

¿Cuánto hace que hace mantenimiento de jardines?
How long have you been doing landscape maintenance?
¿Jáu long jáv iú bín dúing lándskeip méintenans?

Hace _____ años que trabajo en mantenimiento de jardines.
I have been working in landscape maintenance for _____ years.
Ái jáv bín wérking ín lándskeip méintenans for _____ iérs.

¿Tiene referencias?
Do you have references?
¿Dú iú jáv réfrencis?

Sí, tengo referencias.
Yes, I have references.
Iés, ái jáv réfrencis.

No, no tengo referencias.
No, I do not have references.
Nóu, ái dú not jáv réfrencis.

¿Me puede dar un presupuesto por este trabajo?
Can you give me an estimate for this job?
¿Can iú guív mi an éstimeit for dis chób?

¿Cuándo puede comenzar con este proyecto?
When can you start this project?
¿Wén can iú ssstárt dis próchekt?

Puedo comenzar este trabajo la semana que viene/en dos semanas.
I can start this job next week/in two weeks.
Ái can ssstárt dis chób next wík/in tú wíks.

¿Cuánto le tomará completar este trabajo?
How long will it take you to complete this job?
¿Jáu long wil it téik iú tu complít dis chób?

Tomará un día/una semana terminarlo.
It will take a day/week to finish.
It wil téik a déj/wík tu fínish.

¿Tiene sus propias herramientas?
Do you have your own tools?
¿Dú iú jáv iór óun túls?

Debemos retirar los escombros.
We need to haul off the debris.
Wí níd tu jól óf de debrís.

Debemos ir al botadero/verterdero a arrojar esto.
We need to go to the landfill to dump this.
Wí níd tu góu tu de lándfil tu dámp dís.

Necesitamos recortar los setos/cercos.
We need to trim the hedges.
Wí níd tu trím de jéchs.

Debemos utilizar los machetes.
We need to use the pole loppers.
Wí níd tu iús de póul lópers.

¿Sabe cómo utilizar machetes?
Do you know how to use pole loppers?
¿Dú iú nóu jáu tu iús póul lópers?

Debemos regar los arbustos después de plantarlos.
We need to water the shrubs after we plant them.
Wí níd tu wóder de shrábs áfter wí plánt dém.

Debemos fertilizar todos los arbustos en el jardín.
We need to fertilize all the shrubs in the yard.
Wí níd tu fertiláis ól de shrábs ín de iárd.

Debemos rociar fertilizante alrededor de la base de las plantas.
We need to sprinkle fertilizer around the base of the plants.
Wí níd tu sssprínkl fertiláiser aráund de béis óv de plánts.

Debemos colocar tierra negra/corteza de árbol después de sacar la maleza.
We need to mulch after we have pulled the weeds.
Wí níd tu málch áfter wí jáv púld de wíds.

Debemos colocar tierra negra/corteza de árbol a _____pies de profundidad.
We need to mulch about _____ inches deep.
Wí níd tu málch abáut _____ ínchs díp.

Debemos rociar preventivo para malezas antes de colocar tierra negra/corteza de árbol.
We need to sprinkle weed preventer down before we mulch.
Wí níd tu sssprínkl wíd prevénter dáun bifór wí málch.

Debemos rociar ligeramente las plantas para remover todo el preventivo de malezas de sus hojas.
We need to lightly spray water on the plants to remove any weed preventer from their leaves.
Wí níd tu láitli ssspréi wóder ón de plánts tu remúv éni wíd prevénter fróm déir lívs.

Debemos retirar las malezas que están alrededor de la cerca.
We need to weed eat along this fence line.
Wí níd tu wíd ít alóng dís féns láin.

Debemos remover todos los recortes del césped/grama/pasto/tepe/terrón.
We need to remove all clippings from the lawn.
Wí níd tu remúv ól clípings fróm de lón.

Debemos embolsar todos los escombros y acarrearlos fuera de aquí.
We need to bag all the debris and haul it off.
Wí níd tu bág ól de debrís ánd jól ít óf.

Debemos recortar los arbustos y remover los recortes.
We need to trim the shrubs and remove the clippings.
Wí níd tu trím de shrábs ánd remúv de clípings.

Debemos vaporizar las plantas para protegerlas de los insectos.
We need to spray the plants for insects.
Wí níd tu ssspréi de plánts fór ínsects.

Debemos limpiar el vaporizador cuando finalicemos.
We need to clean sprayer when finished.
Wí níd tu klín ssspréier wén fínishd.

Debemos vaporizar las plantas para protegerlas de los hongos.
We need to spray the plants for fungus.
Wí níd tu ssspréi de plánts fór fángus.

Debemos enrollar la manguera cuando finalicemos.
We need to roll up the garden hose when finished.
Wí níd tu róul áp de gárden jóus wén finishd.

Debemos barrer toda la tierra negra/corteza de árbol de las veredas.
We need to sweep all the mulch off the sidewalks.
Wí níd tu swíp ól de málch óf de sáidwolks.

Debemos retirar la maleza de este cantero/arriate.
We need to pull the weeds in this bed.
Wí níd tu púl de wíds ín dís béd.

¿Sabe Ud. cuál es maleza y cuál es una flor?
Do you know what is a weed and what is a flower?
¿Dú iú nóu wát ís a wíd ánd wát ís a fláuer?

Debemos remover todas las plantas en flor muertas de estas plantas.
We need to remove all dead blooms from these plants.
Wí níd tu remúv ól déd blúms fróm díis plánts.

Debemos remover todos las hojas amarillas de estas plantas.
We need to remove all yellow leaves from these plants.
Wí níd tu remúv ól iélou lívs fróm díis plánts.

Debemos vaporizar con matamalezas esta entrada de carros.
We need to spray weed killer on this driveway.
Wí níd tu ssspréi wíd kíler on dís dráivwei.

Debemos vaporizar con matamalezas a lo largo de este camino.
We need to spray weed killer along this walkway.
Wí níd tu ssspréi kíler alóng dés wókwei.

Debemos desplantar estas plantas y replantarlas allí.
We need to dig these plants up and plant them over there.
Wí níd tu díg díis plánts áp ánd plánt dém óuver déar.

Debemos ser cuidadosos de no vaporizar matamalezas sobre los árboles y arbustos.
We need to be careful not to spray weed killer on the trees and shrubs.
Wí ní tu bí kérful nó tu ssspréi wíd kíler on de trís ánd shrábs.

Debemos ser cuidadosos de no vaporizar matamalezas en estas flores.
We need to be careful not to spray weed killer on these flowers.
Wí níd tu bí kérful nót tu ssspréi wíd kíler on díis fláuers.

Frases

Debemos ser cuidadosos de no vaporizar matamalezas cerca del estanque de lirios.
We need to be careful not to spray weed killer near the lily pond.
Wí níd tu bí kérful nót tu ssspréi wíd kíler níar de líli pónd.

Debemos ser cuidadosos de no vaporizar matamalezas cuando está ventorso.
We need to be careful not to spray weed killer when it is windy.
Wí níd tu bí kérful nót tu ssspréi wíd kíler wén it ís wéndi.

Necesitamos más fertilizante.
We need more fertilizer.
Wí níd mór fertiláiser.

Necesitamos más tierra negra/corteza de árbol.
We need more mulch.
Wí níd mór málch.

Necesitamos más bolsas.
We need more bags.
Wí níd mór bágs.

Necesitamos más mezcla de combustible/aceite.
We need more gas/oil mix.
Wí nír mór gás/óil míx.

Necesitamos más cuerda del cortador de hierba.
We need more weed trimmer string.
Wí níd mór wíd trímer ssstríng.

Necesitamos más mangueras.
We need more garden hose.
Wí níd mór gárden jóus.

¿Adónde está la manguera?
Where is the hose?
¿Wéar is de jóus?

¿Adónde está el fertilizante?
Where is the fertilizer?
¿Wéar is de fertaláiser?

¿Adónde está el rastrillo?
Where is the rake?
¿Wéar is de réik?

¿Adónde está el cortador de hierba?
Where is the weed trimmer?
¿Wéar is de wíd trímer?

¿Adónde está la cuerda del cortador de hierba?
Where is the weed trimmer string?
¿Wéar is de wíd trímer ssstríng?

¿Adónde están los machetes?
Where are the pole loppers?
¿Wéar ár de póul lópers?

¿Adónde está la escoba?
Where is the broom?
¿Wéar is de brúm?

Debemos colocar los escombros en el recipiente para abono.
We need to put the debris in the compost bin.
Wí níd tu put de debrís in de kómpost ben.

Debemos limpiar el área de trabajo a diario.
We need to clean up the job-site daily.
Wí níd tu clín ap de chób-sáit déili.

Notes

Notes

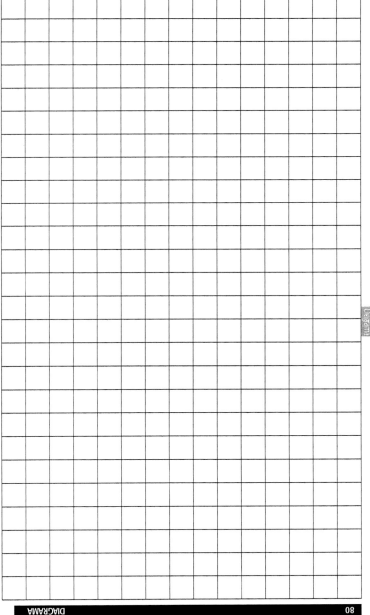

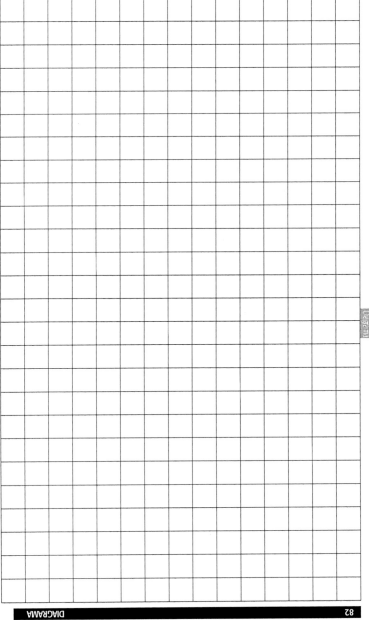